EXPEDITION NATUR

Sonja & Arne Schirdewahn

Entdecken, forschen & verstehen

SCHNITZEN

MIT DEM TASCHENMESSER

Liebe Eltern,

dieses Buch zeigt Ihren Kindern, wie sie mit verschiedenen Werkzeugen und Materialien tolle Dinge herstellen können. Lassen Sie Ihre Kinder dabei selbstständig arbeiten, damit sie ihre Geschicklichkeit und Ausdauer trainieren und ihre Kreativität entfalten können. Trotzdem sollten Sie in der Nähe bleiben, falls Ihr Kind Ihre Hilfe benötigt.

Vielleicht haben Sie aber auch Lust, zusammen mit Ihren Kindern kreativ zu werden. Suchen Sie sich ein Projekt aus und arbeiten Sie gemeinsam daran. Sie werden sehen: Es macht großen Spaß und ist ein unvergessliches Erlebnis für Sie beide!

MIT EXPERIMENTEN, IDEEN & UMWELT-TIPPS

moses.

Vorwort

Die Natur ist voller Abenteuer! Hier kannst du viel erleben und entdecken. In diesem Buch haben wir dir eine Auswahl praktischer und fantasievoller Ideen zusammengestellt. Du findest sowohl eine genaue Einführung in das Schnitzen mit Frischholz als auch Erläuterungen zum Umgang mit deinem Taschenmesser. Alle Anleitungen sind von uns selbst erprobt oder mit Kindern und Erwachsenen in unseren Kursen rund um die Natur umgesetzt worden.

Ein paar Dinge möchten wir dir vorab noch an die Hand geben:

Achte bitte immer darauf, dass es nicht darum geht, so schnell wie möglich mit deiner Arbeit fertig zu werden. Du sollst am Ende mit deinem Werk zufrieden sein. Wenn dies nicht direkt beim ersten Mal klappt, dann gib nicht auf, Übung ist gerade beim Schnitzen sehr wichtig.

Wenn du Sachen aus der Natur entnimmst, gehe bitte immer sorgsam vor. Verwende, wenn möglich, herumliegende Äste oder auch abgestorbene Pflanzenteile. Falls du frisches Holz für deine Schnitz- und Flechtarbeiten benötigst, säge die Ruten oder Zweige vorsichtig mit einem sauberen Schnitt ab, um die Pflanze nicht unnötig zu verletzen. Das Gleiche gilt natürlich auch für alles andere wie Früchte, Samen oder Blätter. Pflücke nur das, was du wirklich brauchst.

Der sorgsame Umgang mit deinem Werkzeug ist aber mindestens genauso wichtig. Damit du dich beim Schnitzen und Werken nicht verletzt, solltest du bestimmte Regeln kennen und einhalten. Außerdem sollte ein Erwachsener in deiner Nähe sein, der dir im Notfall helfen kann.
Beim Schnitzen kannst du deine Kreativität und Fantasie zum Leben erwecken. Wir möchten dir zeigen, wie viel Freude das Werken machen kann und wie toll es ist, deine selbst hergestellten Arbeiten dann endlich in der Hand zu haben.

Also nun viel Spaß in der Naturwerkstatt!

Inhalt

Baumarten

Hasel

Haselsträucher findest du häufig in Gärten oder am Weges- oder Waldrand. Fast jeder kennt wohl die leckeren Haselnüsse, aber woran erkennt man den Strauch im Frühjahr, wenn noch keine Nüsse daran hängen? Zum Beispiel an der Wuchsform, den Blüten und den Blättern. Er treibt sehr schnell wieder aus und bildet oft gerade wachsende, neue Ruten. Das ist auch einer der Gründe, weshalb er für deine Schnitzarbeiten so gut geeignet ist. Die Hasel blüht bereits ganz früh im Jahr, manchmal schon im Januar, noch bevor die Blätter da sind. Die länglichen Kätzchen sind die männlichen, die winzigen roten Schnürchen die weiblichen Blüten, an denen sich später die Nüsse bilden. Die Blätter der Hasel sind groß, dunkelgrün, meist ein wenig flauschig auf der Unterseite und ei- bis herzförmig. Die Spitze ist abgeflacht und der Rand der Blätter doppelt gezähnt.

Das Holz der Hasel wurde auch früher schon oft für Schnitzarbeiten verwendet, berühmt ist aber vor allem die Nutzung als Wünschelrute zum Suchen von Wasseradern. Frisch geschnitten ist das Holz sehr weich und gut zu bearbeiten. Nach dem Trocknen ist es aber hart genug, reißt nicht so leicht wie zum Beispiel die Weide oder andere Hölzer und hat eine schöne helle Farbe.

Weide

Es gibt bei uns verschiedene Weidenarten. Die meisten von ihnen bevorzugen feuchte Stellen direkt am Wasser. Eine Ausnahme ist die Salweide, die auf offenen Standorten am Waldrand oder auch in Gärten wächst. Sie bildet bereits im März vor den Blättern die Weidenkätzchen, die für viele Bienen die erste Nahrung im Frühjahr darstellen. Die Blätter der Salweide sind länglich bis breit, eiförmig und spitz zulaufend, hell silbrig an der Unterseite und dunkelgrün auf der Oberseite. Die anderen Weidenarten haben zum Teil ganz andere Blattformen.

Lindenzweig

Das Weidenholz ist für einfache Schnitzarbeiten gut geeignet, da es sehr weich ist und sich gut bearbeiten lässt. Wenn es zu schnell trocknet, reißt es allerdings manchmal ein. Außerdem eignen sich dünne Weidenruten sehr gut für Flechtarbeiten, zum Beispiel zum Korbflechten. Für den Traumfänger verwendest du am besten lange Weidenruten, da sie sich sehr gut biegen lassen und nicht brechen.

Ahorn

Auch vom Ahorn gibt es bei uns unterschiedliche Arten. Du findest ihn an Wald- und Wegrändern und auch in Gärten.
Der Ahorn hat sehr charakteristische, meist fünflappige Blätter mit spitz zulaufenden Enden. Die Früchte, die man sich als witziges Horn auf die Nase klemmen kann, kennst du ganz bestimmt. Das Holz des Ahorns ist im frischen Zustand schön weich und hat meist nicht viele Verzweigungen. Auch kleinere Stockaustriebe in der Nähe des erwachsenen Baums sind für deine Schnitzarbeiten gut geeignet. Das Holz ist, wenn es sorgfältig geschliffen wird, schön hell, hat wenige Maserungen und sieht sehr edel aus. Das ist auch der Grund weshalb es gerne für den Instrumentenbau verwendet wird. Sowohl Gitarren als auch Geigen und Flöten werden aus diesem Holz hergestellt.

Linde

Die Linde erkennst du am ehesten an ihren herzförmigen Blättern und im Sommer an den wunderschön duftenden Blüten, an denen sich Bienen und Hummeln tummeln. Die Früchte sind rund und hart und hängen zu mehreren an einem Segelblatt. Früher war die Linde der sogenannte Dorfbaum, an dem die Menschen sich zu bestimmten Festen trafen und Geschichten erzählten. Heute stehen Linden nur noch vereinzelt in Wäldern, in Parkanlagen und auch in größeren Gärten. Das abgelagerte, das heißt trockene Lindenholz wurde immer schon zum Bildhauerschnitzen verwendet, da es auch getrocknet noch sehr gut zu bearbeiten ist. Die jungen Triebe des Lindenbaums eignen sich prima für das Frischholzschnitzen. In Gärten und Parks solltest du aber zunächst erfragen, ob du Ruten von Bäumen schneiden darfst.

Ahorn

Das Schnitzmesser

Ein einfaches Schnitzmesser mit einer spitz zulaufenden Klinge aus Carbonstahl ist besonders gut für das Frischholzschnitzen geeignet. Es gibt unterschiedliche Schnitzmesser für Anfängerinnen und Anfänger und Fortgeschrittene sowie Spezialmesser, die du beispielsweise besonders gut zum Kerben oder Aushöhlen verwenden kannst. Der spindelförmige Holzgriff bietet dir dabei immer einen sicheren Halt beim Schnitzen.

10 wichtige Schnitzregeln

Lies dir diese Schnitzregeln vor jedem Schnitzen noch einmal gründlich durch, damit du sicher mit deinem Schnitzmesser umgehst und Verletzungen vermeidest.

1. Schnitze immer von der Hand und vom Körper weg.
2. Achte dabei darauf, dass deine Finger nie unter der Klinge sind.
3. Richte deinen Blick beim Arbeiten stets auf das Werkzeug.
4. Arbeite konzentriert und mache zwischendurch Pausen.
5. Schnitze im Sitzen.
6. Laufe nicht mit dem offenen Messer herum.
7. Lege das Holz nicht auf dem Bein ab, während du schnitzt.
8. Wichtig ist, dass dein Messer geschärft ist, damit es gut schneidet.
9. Das Messer ist ein Schneidewerkzeug, drücke es nicht durch das Holz, sondern schneide dein Holzstück damit.
10. Wenn du deine Arbeit unterbrichst, lege dein Messer immer geschützt ab, zum Beispiel wenn du dich am Kopf kratzt oder in ein Butterbrot beißt.

Schnitztipps

Tipp 1 Holzarten:

Zum Schnitzen mit dem Schnitz- oder Taschenmesser sind am besten frische Holzstecken von Hasel, Weide oder auch Ahorn geeignet. Frischholz lässt sich sehr gut und leicht bearbeiten, abgelagertes oder getrocknetes Holz ist wesentlich härter.

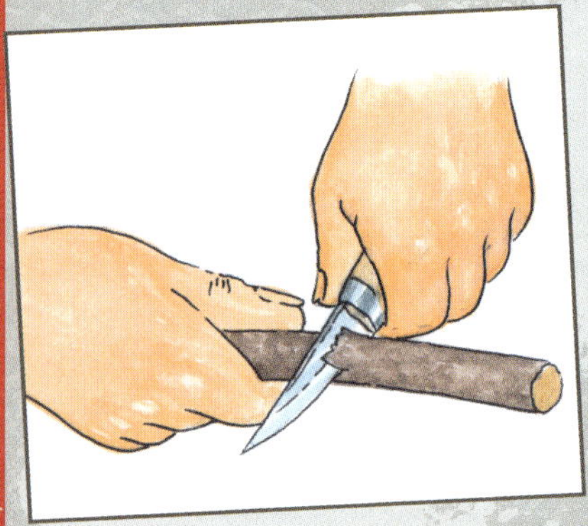

Tipp 2 Messerhaltung:

Halte das Messer nicht zu steil zum Holz, sondern eher etwas flacher und ziehe die ganze Klinge durch das Holz. Auch wenn dir diese Technik am Anfang etwas schwerfällt, macht es die Arbeit wesentlich einfacher, und du benötigst nicht so viel Kraft.

Tipp 3 Hilfsdaumen:

Der Hilfsdaumen ist der Daumen der Hand, die das Werkstück beim Schnitzen hält. Bist du Rechtshänder, ist dies die linke Hand, bist du Linkshänder, ist es die rechte. Lege das Messer an das Holz und den Daumen auf den Messerrücken, wie auf der Abbildung gezeigt. Jetzt drückst du das Messer mit dem Hilfsdaumen in das Holz. Die andere Hand dient ausschließlich zur Steuerung des Schnittes. Diese Technik hilft dir bei feineren Arbeiten.

Tipp 4 Lagerung des Werkstückes:

Wenn du zwischendurch eine längere Pause einlegen und erst am nächsten oder übernächsten Tag weiterarbeiten möchtest, solltest du dein Werkstück in einer Plastiktüte ins Gemüsefach eures Kühlschranks legen. Auf diese Weise bleibt das Holz weich genug und lässt sich später besser weiterverarbeiten.

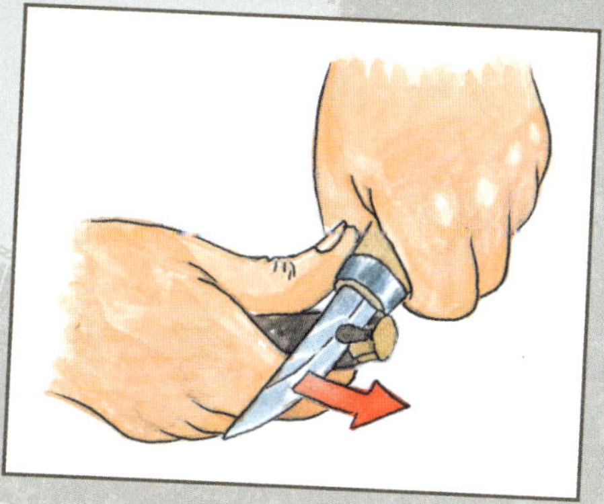

Tipp 5 Abschrägen der Sägekanten:

Benutze für diese Technik eine kleine Klinge und deinen Hilfsdaumen. Halte das Werkstück kurz vor dem Holzende fest. Setze die Klinge zwischen Daumen und Holzende an und schnitze rundum kleine Dreiecke ab, sodass die scharfe Sägekante am Rand abgeschrägt wird.

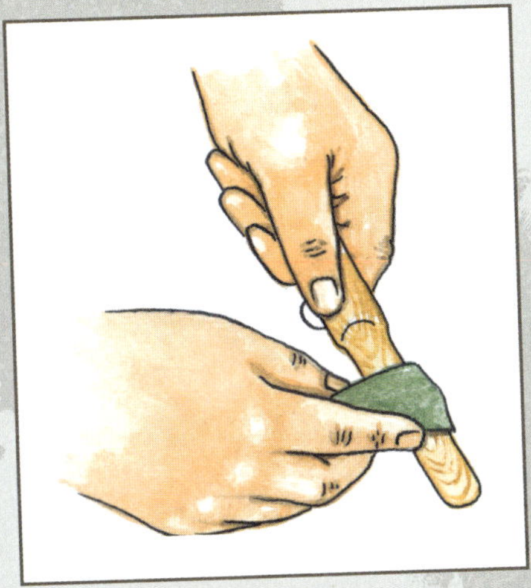

Tipp 6 Trocknen und Schleifen:

Bist du mit deiner Schnitzarbeit fertig und möchtest dein Werkstück trocknen lassen, um es anschließend schleifen zu können, lege es an einen nicht zu warmen und nicht zu trockenen Ort, zum Beispiel ins Schlafzimmer oder in den Flur. Direkt an einer Heizung trocknet dein Holz zu schnell und reißt möglicherweise. Eine alte Schnitzweisheit besagt, dass man mindestens noch einmal so viel Zeit für das Schleifen wie für das Schnitzen verwenden sollte. Schleife dein Werkstück so lange, bis du selbst damit zufrieden bist.

Tipp 7 Spalten:

Zum Spalten des Holzes benötigst du ein Messer mit langer Klinge und einen Holzknüppel (s. Seite 14) oder Holzhammer. Möglicherweise brauchst du dafür bei den ersten Malen ein wenig Hilfe von einem Erwachsenen. Stelle das Holzstück hin und setze die Klinge aufrecht auf die Sägefläche, sodass sie mittig durch den Kern geht. Nun treibst du die Klinge mit dem Knüppel in das Holz. Die Spitze der Klinge sollte auf einer Seite herausschauen, da du nun immer abwechselnd auf Klinge und Griff schlagen musst, um das Messer gleichmäßig durch das Holz zu treiben.

Tipp 8 Halbkugel:

Eine Halbkugel am Stockende ist eine schöne Verzierung. Dazu zeichnest du dir zunächst Hilfslinien auf, wie auf den Abbildungen a und b zu sehen. Die erste Hilfslinie geht einmal um den Stock herum. Der Abstand zum Stockende ist etwa halb so breit wie der Stock dick ist. Als zweite Hilfslinie ziehst du einen Kreis auf die Schnittkante. Dieser sollte etwa ein Drittel kleiner sein als die Schnittfläche. Jetzt schnitzt du eine Schräge rund um den Stock, die diese beiden Linien miteinander verbindet. Wiederhole diesen Schritt noch einmal mit 2 neuen Hilfslinien wie auf den Abbildungen c und d gezeigt. Dann werden alle Kanten noch abgeschrägt. Beim anschließenden Nacharbeiten mit Schleifpapier entsteht eine schöne Halbkugel.

Tipp 9 Verzierungen und Muster:

Beim Schnitzen von Verzierungen, Mustern und Namen musst du sehr vorsichtig arbeiten. Lasse dir am Anfang am besten von einem Erwachsenen dabei helfen. Zunächst zeichnest du dein Muster mit einem Filzstift auf die Rinde. Als Nächstes ritzt du genau auf diesen Linien die Rinde bis zum Holz ein. Am besten hältst du die Hand so, wie du sie auf der unteren Abbildung siehst. Anschließend entfernst du mit dem Messer vorsichtig die Rinde zwischen den Linien.

Tipp 10 Kerbe:

Eine Kerbe benötigst du zum Beispiel bei der Steinschleuder und dem Bogen, damit Gummi und Schnur nicht abrutschen können. Du kannst sie aber auch genauso als Zierlinie einsetzen, etwa um Griff und Hauptteil eines Stockes optisch voneinander zu trennen. Zu Beginn markierst du die Breite deiner Kerbe durch zwei Hilfslinien. Nun schnitzt du von den Hilfslinien ausgehend zur Mitte hin und arbeitest auf diese Weise eine Kerbe in dein Werkstück. Nutze den Hilfsdaumen und verwende nicht zu viel Kraft.

Frischholzschnitzen

In diesem Kapitel lernst du, wie du schöne Dinge aus Frischholz selber schnitzen kannst. Dazu benötigst du die Schnitz-Grundausrüstung und geeignetes Holz. Wir empfehlen dir, zuerst mit dem Buttermesser anzufangen, da du dabei viele verschiedene Schnitztechniken ausprobieren kannst. Mit der Zeit wächst deine Geschicklichkeit und Ausdauer, und du bist in der Lage, dich auch an etwas schwierigere Arbeiten, wie zum Beispiel eine Kerbe oder eine Halbkugel, zu wagen.

Für alle Schnitzarbeiten brauchst du als Grundausrüstung

- ein Schnitz- oder Taschenmesser ✓
- ein kleineres Schnitzmesser für feinere Arbeiten ✓
- die Säge deines Taschenmessers oder eine andere kleine Säge ✓
- einen wasserfesten Filzstift ✓
- Schleifpapier (60er, 80er und 120er) ✓
- Sonnenblumen- oder Olivenöl ✓
- einen Lappen ✓

Zusätzliches Material ist bei den einzelnen Anleitungen angegeben.

D.I.Y.

Schwierigkeit: ★☆☆

Holzknüppel

Zum Spalten von Ästen benötigst du einen Holzknüppel. Diesen kannst du dir ganz leicht selber herstellen.

Du brauchst:

- einen Frischholzast (Länge: ca. 30 cm, Durchmesser: ca. 4 cm)
- Grundausrüstung

Tipp 1 Holzarten (Siehe S. 8)

So geht's:

1. Ziehe in der Mitte des Stockes zur Begrenzung des Griffes eine Hilfslinie. Schnitze nun für den Griff rundherum das Holz weg, bis du auf einen Durchmesser von ca. 2,5 cm kommst. Die Sägekanten am Ende des Griffes schrägst du ab (siehe Abbildung). Tipp 5 Abschrägen (Siehe S. 9)

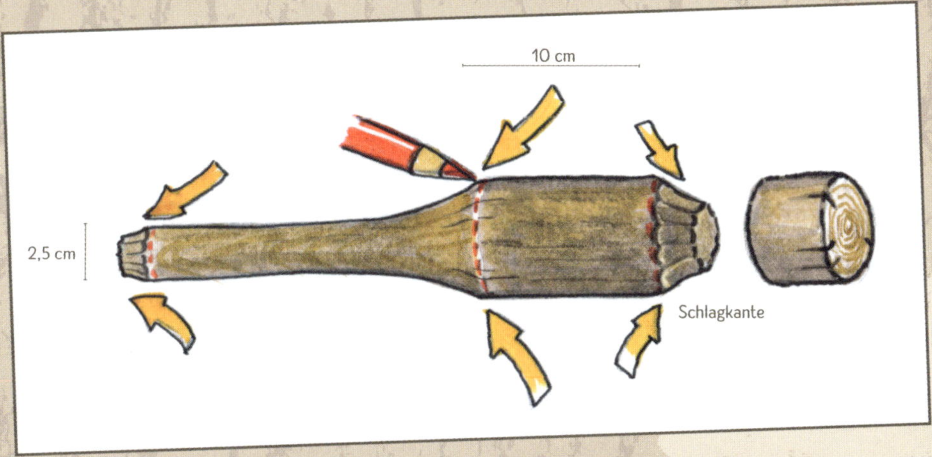

2. Jetzt nimmst du dir den Knüppelkopf vor. Hier sägst du 5 cm ab, sodass dieser dann höchstens 10 cm lang ist. Mit ein paar geraden Schnitten ziehst du eine Fläche, die dir später als Schlagseite dienen soll. Schräge die Kopfsägekante anschließend ebenfalls ab.

3. Den Handgriff solltest du nach dem Trocknen noch schleifen, damit er gut in deiner Hand liegt. Tipp 6 Trocknen und Schleifen (Siehe S. 9)

D.I.Y.

Buttermesser

Dieses Messer wird verwendet, damit die Butter sauber bleibt und keine Marmeladenreste darin landen. Es eignet sich ebenfalls zum Schneiden von weichen Brötchen, Bananen oder Kuchen. Außerdem ist es ein tolles Geschenk für Mama, Papa, Oma oder Opa.

Du brauchst:

- einen Frischholzast (Länge: ca. 20–25 cm)
- Grundausrüstung

So geht's:

1. Zuallererst zeichnest du mit dem Filzstift die Hilfslinien für den Griff und die Schneide deines Messers auf. Die Abbildung zeigt dir, wie diese aussehen sollten.

2. Jetzt kann es mit der Schnitzarbeit losgehen: Halte das Werkstück am Griff und schnitze das Holz Stück für Stück ab, sodass du auf einer Seite eine leicht gerundete Fläche erhältst. Achte dabei immer darauf, dass du das Holz schneiden und nicht reißen möchtest. Mache zwischendurch kleine Pausen und überprüfe deine Arbeit: Arbeitest du gerade und gleichmäßig, hast du immer ein wenig Abstand zu den Hilfslinien und taucht der Kern des Holzes auch nicht auf? Falls du die Hilfslinien doch einmal aus Versehen wegschnitzen solltest, ziehe sie mit dem Filzstift erneut nach. Sobald der Kern auftaucht, schnitze an dieser Stelle nicht weiter und versuche, ihn nicht zu verletzen. Wenn du mit einer Seite komplett fertig bist, drehe dein Holzstück um und fahre mit der anderen Seite entsprechend fort. Am Schluss sollte die Dicke des Holzes an der Schneide ca. 5 mm betragen.
   Tipp 2 Messerhaltung (Siehe S. 8)

3. Begib dich an die Stelle zwischen Griff und Klinge. Dabei benutzt du den Daumen der Hand, die nicht das Schnitzmesser hält als Hilfsdaumen, mit dem du die Führung deines Messers kontrollierst. Du solltest versuchen, eine sanfte Kuhle als Übergang entstehen zu lassen. Achte darauf, dass du an der Klinge selber nicht noch tiefer arbeitest. Überprüfe deine Arbeit lieber immer wieder, bevor du zu viel Holz abschnitzt.
   Tipp 3 Hilfsdaumen (Siehe S. 8)

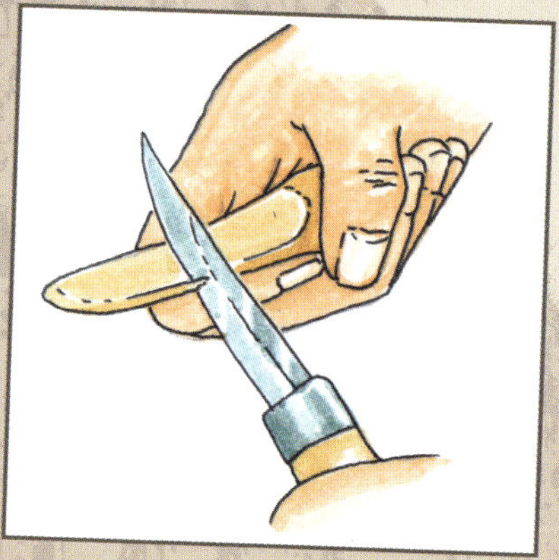

4. Nun beginnst du mit dem Schärfen der Seiten. Dafür benutzt du am besten das kleinere Schnitzmesser, da du jetzt vorsichtiger arbeiten musst. Halte das Arbeitsstück so in der Hand, dass eine flache Seite oben liegt, und schräge die rechts liegende Seite Stück für Stück an. Dann drehst du das Holzstück in deiner Hand und nimmst dir die linke Seite vor. Achte dabei darauf, dass du eine gerade, saubere Linie als Schneide herstellst und dass das Messer an sich nicht schmaler wird, sondern seine Breite behält.

Wenn du damit fertig bist, darf deine Hilfslinie verschwunden sein. Anschließend führst du die gleichen Arbeitsschritte auf der anderen Seite durch. Selbstverständlich kann dein Messer auch nur eine scharfe Seite haben. Dann entfernst du auf der stumpfen Seite einfach nur vorsichtig die Rinde, und damit verschwindet auch die zweite Hilfslinie.

5. Überlege dir jetzt, wie die Spitze deines Buttermessers aussehen soll. Am besten zeichnest du sie dir ebenfalls wieder mit Filzstift vor (siehe Abbildungen a – c).

Nimm ein kleineres Messer und schnitze nun deine Spitze oder Rundung. Diese Arbeit ist meist etwas schwieriger als der Rest, da du das Holz zum Teil gegen die Wachstumsringe abarbeiten musst und es dann härter erscheint. Anschließend schärfst du auch diesen Teil beidseitig an.

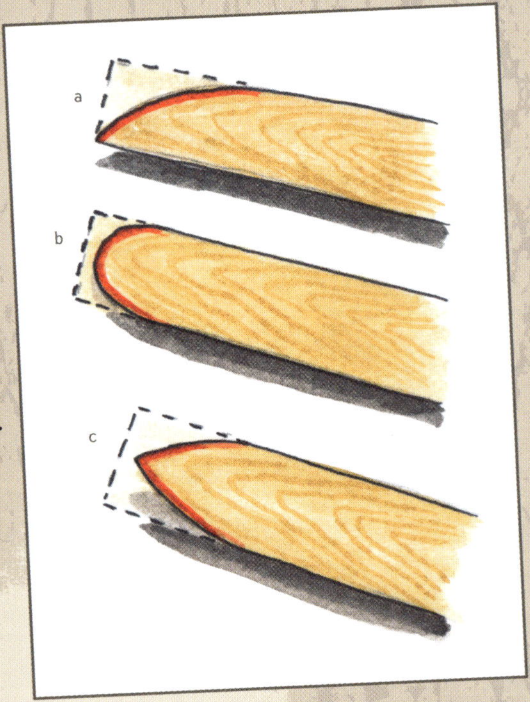

6. Arbeite nun die Stellen, die dir noch nicht gut genug erscheinen, ein wenig nach. Versuche dabei aber bitte nicht zu perfekt zu sein. Kleinere Unebenheiten im Holz lassen sich später auch noch gut mit dem Schleifpapier entfernen.

7. Schräge die Sägekante am Griff des Messers ein wenig ab.
Tipp 5 ▶ Abschrägen (Siehe S. 9)

8. Als Nächstes schleifst du dein Messer. Am besten lässt du dein Arbeitsstück dafür einige Tage trocknen, dann funktioniert das Schleifen wesentlich besser. Alle Holzstellen ohne Rinde werden zuerst mit dem groben (60er), dann mit dem mittleren (80er) und anschließend mit dem feinen (120er) Schleifpapier sorgfältig bearbeitet, bis wirklich keine Unebenheiten oder kleine Splitter mehr zu sehen und zu fühlen sind. Fahre mit der Hand über das Holz und prüfe, ob sich alles schön glatt anfühlt. Richtig gut geschliffen ist dein Messer, wenn die offenen Holzstellen weich und geschmeidig sind. **Tipp 6 ▶ Trocknen und Schleifen** (Siehe S. 9)

9. Zum Schluss gießt du dir einen Teelöffel Öl in deine Handfläche und ölst dein Messer ein. Lass das Öl danach noch ein wenig ins Holz einziehen. Falls du doch etwas zu viel verwendet hast, wischst du überschüssiges Öl mit dem Lappen ab. Solltest du das Gefühl haben, dass dein Messer zu trocken ist, kannst du das Einölen beliebig oft wiederholen. Nun bist du fertig mit deinem ersten Buttermesser!

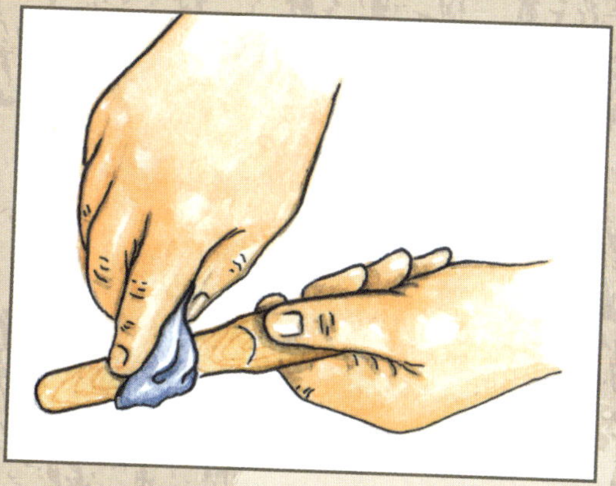

D.I.Y.

Schwierigkeit: ★☆☆

Türschild

Dieses Schild kannst du an deine Zimmertür hängen oder am Stall deines Haustiers befestigen. So sieht gleich jeder, wer dort wohnt!

Du brauchst:

- einen Frischholzast (Länge: ca. 15 cm, Durchmesser: 3 – 5 cm)
- Grundausrüstung
- einen Holzknüppel / Holzhammer
- Filzstifte in unterschiedlichen Farben / Acrylbastelfarbe und Pinsel zum Bemalen
- einen Bohrer
- Wolle / Band
- ggf. ein Brandmalgerät, um **mithilfe eines Erwachsenen** deinen Namen einzubrennen

So geht's:

1. Spalte den Ast zunächst der Länge nach, sodass eine gerade Fläche entsteht.
   Tipp 7 ▶ Spalten (Siehe S. 10)

2. Anschließend schnitzt du mit deinem Taschenmesser oder einem Schnitzmesser auf der nicht gespaltenen Seite eine Fläche, die so groß sein sollte, dass der Name später darauf passt. Die beiden Enden rundest du ab.
   Tipp 5 ▶ Abschrägen (Siehe S. 9)

3. Nach dem Trocknen schleifst du das Schild und bemalst und beschriftest es nach deinen Wünschen.

4. Bohre mit der Hilfe eines Erwachsenen zwei Löcher in das Holz, führe ein Stück Wolle oder Band hindurch und knote es fest. Jetzt kannst du dein Schild aufhängen.

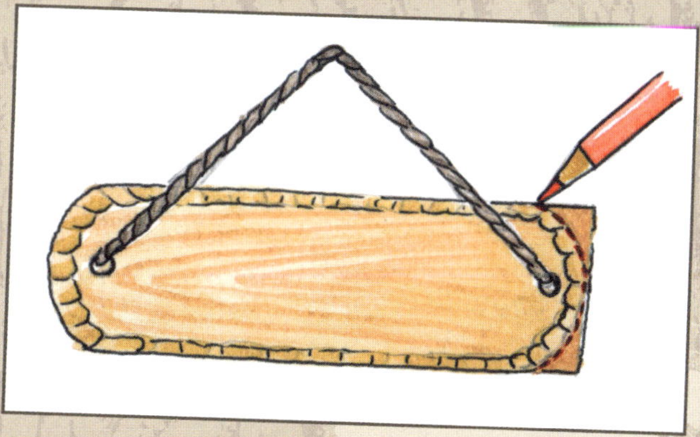

Bohrloch

D.I.Y.

Schwierigkeit: ★☆☆

Schlüsselanhänger

Einen Schlüsselanhänger kannst du einfach selber herstellen und zum Beispiel deinen Fahrradschlüssel daran aufbewahren. Wenn du mit einem Filzstift oder Bastelfarbe deinen Namen darauf schreibst, gibt es auch keine Verwechslungsgefahr mehr.

Du brauchst:

- einen Frischholzast (Länge: ca. 5 – 8 cm, Durchmesser: ca. 3 cm)
- Grundausrüstung
- einen Holzknüppel / Holzhammer
- Filzstifte in unterschiedlichen Farben / Acrylbastelfarbe und Pinsel zum Bemalen
- einen Bohrer
- einen verschließbaren Bindering

HANDMADE

So geht's:

1. Spalte auf beiden Seiten des Stockes jeweils ein Stück ab. Achte darauf, dass der Kern dabei in der Mitte liegt. So erhältst du ein dünnes Brettchen von ca. 8 mm. **Tipp 7 Spalten** (Siehe S. 10)

2. Mit dem kleinen Schnitzmesser arbeitest du an allen Kanten und Ecken kleine Stückchen Holz ab, sodass dein Werkstück danach keine scharfen Kanten mehr hat.

3. Wenn das Holz getrocknet ist, kannst du es schleifen und anschließend beschriften und bemalen. **Tipp 6 Trocknen und Schleifen** (Siehe S. 9)

4. Zum Schluss bohrst du mithilfe eines Erwachsenen ein Loch in eine Ecke deines Anhängers. Hierdurch steckst du einen verschließbaren Bindering, an dem du deinen Schlüssel dann befestigen kannst.

D.I.Y.

Schwierigkeit: ★★☆

Wanderstab

Ein Wanderstock ist ein idealer Begleiter auf all deinen Streifzügen durch die Natur. Dazu benötigst du ein Stück Frischholz. Besonders eindrucksvoll sind die Stecken, die von einer Kletterpflanze umrankt wurden, wodurch ein Drehwuchs entstanden ist. Solche findest du am besten im Winterhalbjahr, wenn die Blätter bereits gefallen sind. Aber auch alle anderen Hölzer eignen sich gut.

Du brauchst:

- einen Frischholzstecken (Länge: ungefähr deine Schulterhöhe, Durchmesser: ca. 3 cm)
- Grundausrüstung

So geht's:

1. Grundsätzlich zeigt bei einem Wanderstab das dünnere Ende nach unten. Das dickere stellt somit den Griff dar. Stelle dich neben deinen Stock und zeichne dir diverse Hilfslinien auf: die erste auf Mitte deines Schienbeins, die zweite auf Bauchnabelhöhe, die dritte etwas mehr als eine Handbreite höher. Diese markiert den Beginn des Griffbereiches.

2. Beginne am Fuß des Stockes. Ab der ersten Hilfslinie schnitzt du den Stock rundherum nach unten dünner, sodass er sich leicht verjüngt und du eine stumpfe Spitze erhältst. Den Mittelteil deines Stockes lässt du vorerst unbearbeitet.

3. Im Griffbereich zwischen Linie 2 und 3 entfernst du vorsichtig die Rinde, am besten ohne das Holz selber dabei zu verletzen.

4. Nun verzierst du den Kopf des Stockes mit einer Halbkugel.
   Tipp 8 ▶ Halbkugel (Siehe S. 10)

5. In die Rinde kannst du zum Schluss noch Muster schnitzen.
   Tipp 9 ▶ Verzierungen und Muster (Siehe S. 11)

D.I.Y.

Schwierigkeit: ★★☆

Kleiderhaken

Gestalte viele verschiedene Haken und hänge sie in unterschiedlichen Höhen an die Wand. Das sieht toll aus und bietet Platz für all deine Jacken. Du kannst auch ein Brett als Unterlage verwenden, an dem du die einzelnen Haken befestigst. Gut geeignet ist dafür zum Beispiel eine Baumschwarte oder auch ein altes Küchenbrett, um dem Ganzen einen rustikalen Charme zu geben.

Du brauchst:

- eine Frischholzastgabel (Gesamtlänge: ca. 15 – 20 cm, Durchmesser: ca. 3 cm, Abzweigung sollte in der unteren Hälfte des Hauptstockes liegen)
- einen Holzknüppel / Holzhammer
- Bastelfarbe und Pinsel
- ggf. Handbohrer / Bohrmaschine

So geht's:

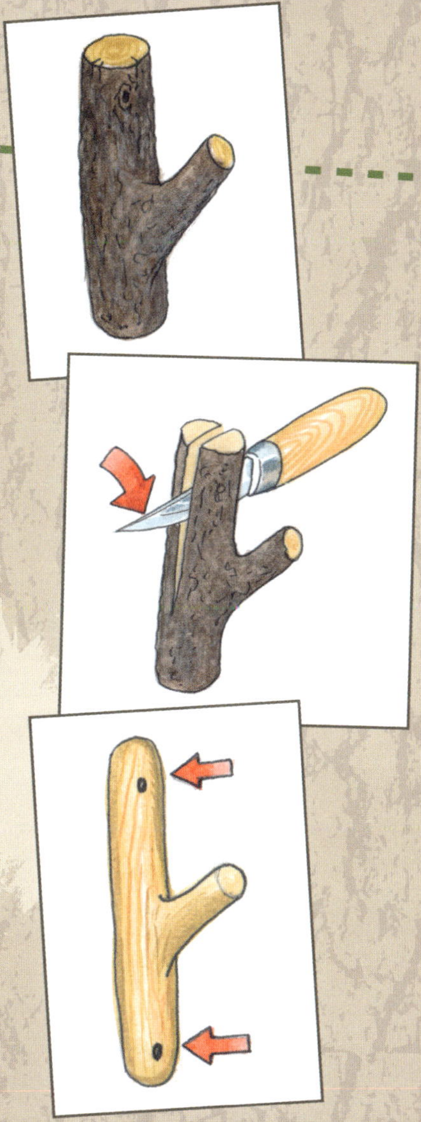

1. Spalte vom Hauptstock einen Teil des Holzes ab, sodass du eine gerade Fläche bekommst, die später an der Wand aufliegt.
   Tipp 7 Spalten (Siehe S. 10)

2. Alle Stockenden rundest du ab. Nun kannst du die Rinde entfernen. Sehr hübsch sieht es aus, wenn du deinen Haken nach dem Trocknen mit Farbe anmalst. Tipp 5 Abschrägen (Siehe S. 9)

3. Zum Schluss lässt du dir noch von einem Erwachsenen mit einer Bohrmaschine oben und unten je ein Loch zum Befestigen bohren.

Du kannst die Rinde an deinem Haken auch belassen. Je nachdem, welche Musterung oder Farbe diese hat, sieht das ganz toll und sehr natürlich aus.

D.I.Y.

Schwierigkeit: ★★☆

Müslilöffel

Dieser Löffel eignet sich gut zum Essen von Müsli, Milchreis oder Pudding. Nach dem gleichen Vorbild kannst du Löffel in den unterschiedlichsten Größen herstellen, vom winzigen Salzlöffel bis hin zum großen Suppen- oder Salatbesteckllöffel.

Du brauchst:

- einen Frischholzast (Länge: ca. 20 cm, Durchmesser: ca. 3,5 cm)
- Grundausrüstung
- einen Holzknüppel / Holzhammer
- ggf. zusätzliches Werkzeug für die Löffelmulde (Spezialmesser mit runder Klinge / Beitel und Holzhammer)

So geht's:

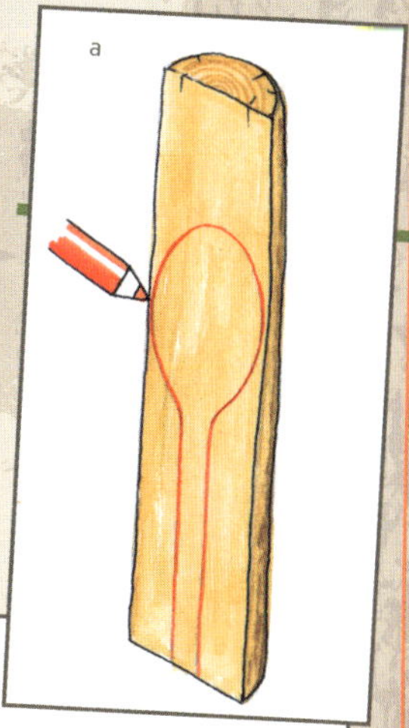

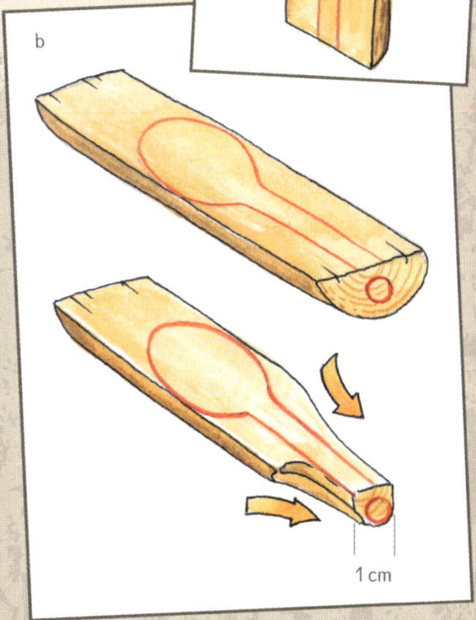

1. Als Erstes musst du deinen Stock in der Mitte spalten, sodass du zwei gleich große Teile erhältst. **Tipp 7 ▶ Spalten** (Siehe S. 10)
2. Suche dir einen davon aus und zeichne die Grundform deines Löffels, wie auf den Abbildungen a und b gezeigt, auf die Spaltkante.
3. Beginne anschließend, den Griff zu schnitzen. Arbeite das Holz rundum weg, bis du auf einen Durchmesser von ca. 1 cm kommst. Runde die Sägekante des Griffes vorsichtig ein wenig ab.
4. Jetzt benötigst du ein kleineres Messer für den Übergang zwischen Löffel und Griff. Am besten wendest du dabei wieder die Technik mit dem Hilfsdaumen an. Fange bei der Mitte des Löffelteils an und schnitze den Übergang zum Griff in einem sanften Schwung. **Tipp 3 ▶ Hilfsdaumen** (Siehe S. 8)

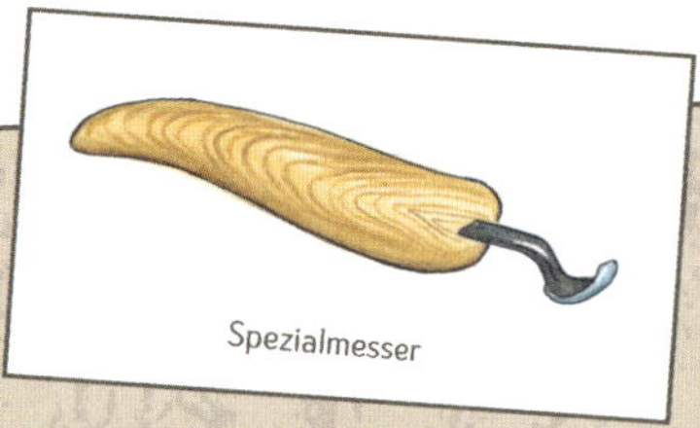
Spezialmesser

5. Nun sägst du das überstehende Material an der Markierung ab und schnitzt die vordere Löffelrundung, sodass du den Löffel gut in den Mund nehmen kannst. Mit einer kleinen Klinge deines Taschenmessers höhlst du die Kuhle in sehr kleinen Schnitten aus. Benutze dazu deinen Hilfsdaumen. Es gibt dafür auch Spezialmesser, die bereits eine kleine Rundung als Schneide haben und dir diese Arbeit etwas erleichtern.

6. Zum Schluss musst du den gesamten Löffel noch schleifen und einölen.

Schwierigkeit: ★★★

Eine ganz andere Technik ist die des **Ausglühens der Mulde**. Das kannst du aber nur gemeinsam mit einem Erwachsenen durchführen, und du benötigst ein Lager- oder Kaminfeuer. Dein Werkstück muss dafür getrocknet sein. Greife ein kleines Stückchen glühendes Holz oder Kohle, ungefähr in der Größe einer Beere, mit einer Grillzange. Lege dieses Glutstück auf die zukünftige Mulde und drücke es, zum Beispiel mit der Klinge deines Taschenmessers, auf das Holz. Puste das Stückchen gleichmäßig an, ohne dabei Qualm einzuatmen. Es brennt sich so langsam in das Holz ein. Verändere dann seine Position und wiederhole dies so lange, bis deine Mulde tief und groß genug ist. Das angekohlte Holz entfernst du nun durch Auskratzen und anschließendes Schleifen.

Schwierigkeit: ★☆☆

Kletterhaken

Diese äußerst praktischen Hilfsmittel eignen sich besonders gut, wenn du einen steilen Erdhügel erklimmen möchtest. Treibe die Kletterhaken dazu immer wieder in die Erde und zieh dich daran hoch. So erkletterst du Stück für Stück den Hang.

Du brauchst:

- zwei Frischholzstücke (Länge: ca. 20 cm, Durchmesser: ca. 2,5 cm)
- Grundausrüstung

So geht's:

1. Ziehe eine Hilfslinie in der Mitte deines Holzstückes und schnitze die eine Seite zu einer Spitze. Drehe dein Werkstück dabei nach jedem Schnitt, damit die Spitze gleichmäßig wird. Arbeite sie nicht zu dünn aus, damit sie unter Belastung stabil bleibt.

2. Die obere Sägekante solltest du nun sorgfältig abrunden, damit du sie sicher in der Hand halten kannst und dich nicht an den Kanten verletzt. **Tipp 8 ▶ Halbkugel** (Siehe S. 10)
3. Das zweite Frischholzstück arbeitest du nach gleichem Vorbild. Wenn du deine Haken noch trocknen lässt, sind sie härter und stabiler. Und dann ab nach draußen in die Natur!

D.I.Y.

Schwierigkeit: ★★☆

Steinschleuder

Das Zielschießen mit einer Steinschleuder macht unglaublich viel Spaß. Suche dir dafür ein gut geeignetes Ziel aus, zum Beispiel alte Dosen oder eine selbstgebastelte Zielscheibe. Achte dabei darauf, dass du keine Menschen oder Tiere triffst!

Du brauchst:

- eine Frischholzastgabel mit einem Grundstock und zwei Armen (Gesamtlänge: ca. 30 cm, Griffdurchmesser: ca. 3 cm, der Griff macht ungefähr die Hälfte aus, zwischen den beiden Ästen brauchst du eine Durchschussweite von ca. 10 cm)
- Grundausrüstung
- eine Ahle
- 2 Einmachgummis (94 mm x 108 mm)
- Schnur
- Leim
- Lederstücke: eins für die Abschussfläche (4 cm x 10 cm) und ggf. eins für den Griff entsprechend der Griffgröße
- 2 kleine Holzstäbchen

So geht's:

1. Schnitze die Rinde am Griff ab und entferne dabei auch störende Unebenheiten im Holz. Die Arme der Astgabel musst du nicht entrinden, du kannst sie zum Beispiel mit kleinen Schnitten verzieren oder auch so belassen.
2. Schräge alle Sägekanten ab und kerbe das Holz an den oberen Enden der Arme rundherum ein, um den Gummis später besseren Halt zu geben.
   Tipp 5 **Abschrägen** (Siehe S. 9),
   Tipp 10 **Kerbe** (Siehe S. 11)

3. Der Griff wird nach dem Trocknen gut geschliffen und eingeölt.
4. Erst wenn du mit der Bearbeitung des Griffes zufrieden bist, befestigst du die beiden Einmachgummis an den Kerben, indem du sie mit einer Schnur und einem Tropfen Leim fixierst.

5. Mithilfe deiner Ahle stichst du zwei Löcher in das Leder der Abschussfläche und bringst diese, wie auf der Abbildung gezeigt, zwischen den beiden Gummis an. Nun ist deine Steinschleuder schussbereit. Viel Spaß damit!

D.I.Y.

Schwierigkeit: ★★★

Partyspieß

Ein Partyspieß ist eine zweizinkige Gabel, die du zum Aufspießen von Käsewürfeln oder Obststückchen verwenden kannst. Wenn du ein wenig mehr Übung im Schnitzen hast, kannst du nach der gleichen Anleitung später auch eine drei- oder sogar vierzinkige Gabel herstellen. Das ist allerdings wesentlich kniffliger.

Du brauchst:

- einen Frischholzast (Länge: ca. 20 cm, Durchmesser: 1 – 2 cm, dein fertiger Spieß wird ca. 15 cm lang)
- Grundausrüstung

HANDMADE

So geht's:

1. Als Erstes markierst du mit dem Filzstift den Griff bei ca. 7 cm mit einer Linie. Nun nimmst du das kürzere Stück in die Hand und schnitzt den Stock rundherum dünner, bis er einen Durchmesser von ca. 1 cm hat. Arbeite eine Halbkugel als Abschluss. **Tipp 8 ▶ Halbkugel** (Siehe S. 10)

2. Jetzt kürzt du das andere Ende mit der Säge, sodass dir noch ca. 4 cm für den Spießteil bleiben. Der abgesägte Teil hat dir geholfen, den Stock beim Arbeiten des Griffes sicher in der Hand halten zu können und wird jetzt nicht mehr benötigt.

3. Markiere den Spießteil wie auf der Abbildung gezeigt. Schnitze die beiden Seiten nacheinander flach zu. Halte dabei immer wieder inne und kontrolliere deine Arbeit: Hast du genug Abstand zu den Hilfslinien? Arbeitest du gerade, parallele Flächen?

4. Als Nächstes zeichnest du ein V auf den Spießteil auf. Dies stellt den zukünftigen Hohlraum zwischen den Zinken dar. Benutze ein kleines, spitzes Messer und arbeite mit dem Hilfsdaumen. **Tipp 3 ▶ Hilfsdaumen** (Siehe S. 8)
Halte das Holz am Griff, während du nun die Zinken schnitzt. Beginne immer wieder bei der Spitze des Vs und schnitze aus dem Zwischenraum heraus. Sind die Spitzen der Zinken fertig, folgen die Außenseiten deines Spießes. Achte auf die Einhaltung der Schnitzregeln und bitte einen Erwachsenen um Hilfe, falls du Schwierigkeiten hast!

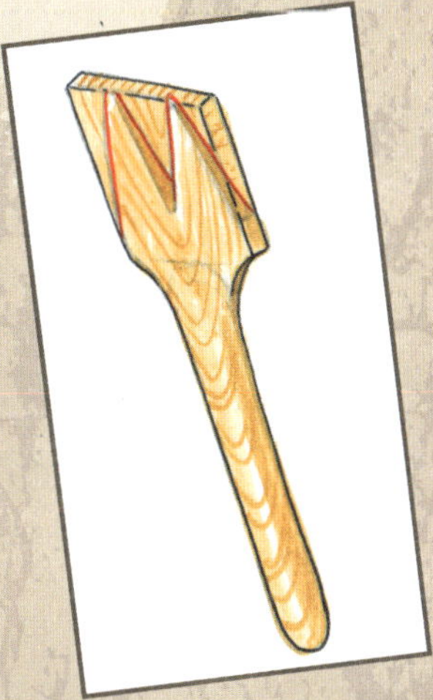

5. Bist du mit deiner Schnitzarbeit zufrieden, lasse dein Werkstück ein paar Tage trocknen, schleife es anschließend gründlich mit den unterschiedlichen Schleifpapieren und öle den Spieß ein.

Schwierigkeit: ★★★

Bogen

Das Schnitzen eines Bogens verlangt ein wenig Ausdauer und Geduld, plane ruhig mehrere Tage für deine Arbeit ein. Du solltest auch auf alle Fälle schon recht viel Erfahrung im Schnitzen haben. Doch die Mühe lohnt sich!

Du brauchst:

- einen Frischholzast (Länge: wie deine Armspannweite, Durchmesser: ca. 3 – 4 cm, er sollte so gerade wie möglich gewachsen sein)
- Grundausrüstung
- starke Paketschnur als Bogensehne

So geht's:

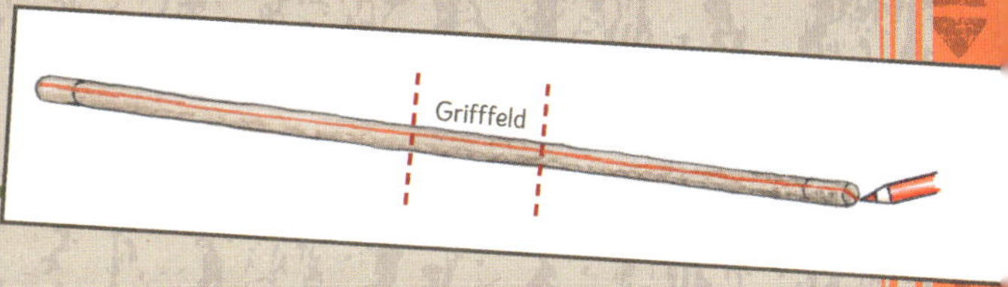

1. Markiere zuerst wieder verschiedene Hilfslinien mit einem Filzstift: je eine Linie ca. 5 cm von den Enden entfernt und in der Mitte das Grifffeld. Dieses sollte etwas größer als deine Handbreite sein. Außerdem benötigst du noch die Linie zwischen Bauch und Rücken des Bogens. Diese zieht sich auf beiden Seiten über die ganze Länge des Stockes.

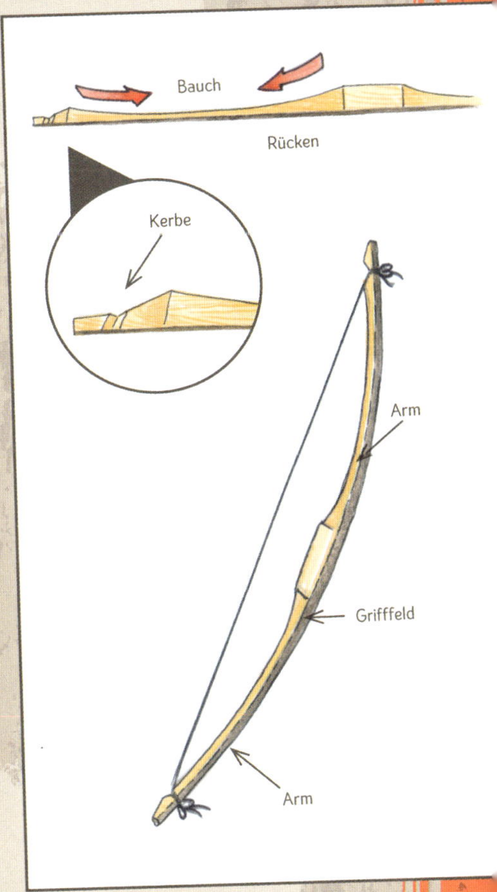

2. Als Erstes schnitzt du die Arme deines Bogens, also die Bereiche zwischen Grifffeld und Endmarkierung. Hier höhlst du das Holz auf einer Seite bis maximal zur Zwischenlinie in einer sanften Rundung aus. Dies ist die sogenannte Bauchseite des Bogens. Die andere Seite, also der Rücken, darf auf keinen Fall bearbeitet werden. Hier bleibt die Rinde erhalten. Falls sich dein Bogen nach dieser Arbeit noch nicht ausreichend biegen lässt, arbeite vorsichtig weiter in die Tiefe, auch über die Zwischenlinien hinaus.

3. Jetzt geht es an die Enden deines Bogens. Von der jeweiligen Markierung aus schnitzt du das Holz in Richtung Sägekante ein wenig dünner. Alle Seiten außer dem Rücken sollten hierbei bearbeitet werden.

4. Nun versiehst du die Enden noch mit Kerben, an denen du die Bogenschnur befestigst.
   Tipp 10 Kerbe (Siehe S. 11)

5. Bevor du deine ersten Probeschüsse machst, solltest du deinen Bogen trocknen lassen. Natürlich kannst du ihn dann auch noch schleifen und einölen.

Wichtig: Löse ein Ende der Schnur deines Bogens, wenn du nicht damit schießt.

D.I.Y.

Schwierigkeit: ★☆☆

Pfeil und Zielring

Zu deinem neuen Bogen gehören natürlich auch die passenden Pfeile und ein Zielring. Die Pfeile fertigst du aus geraden Ästen an, den Ring kannst du aus gut biegbarem Holz formen. Suche dir zum Befestigen des Zielrings einen Punkt in sicherer Entfernung aus. Nun kannst du deine ersten Probeschüsse machen. Achte dabei darauf, dass du keine Menschen oder Tiere triffst!

Du brauchst:

- einen möglichst gerade gewachsenen, frischen Ast (Länge: deine halbe Spannweite, Durchmesser: max. 1 cm an seiner dicksten Stelle) für den Pfeil
- gut biegbares Holz (zum Beispiel Weide, Hasel, Efeu oder Hartriegel) (Länge: ca. 1,50 m, Durchmesser: max. 5 mm) für den Zielring
- Grundausrüstung
- ein kleines Schnitzmesser

So geht's:

1. Entferne die Rinde bei beiden Holzstücken und achte dabei darauf, dass du nicht ins Holz schneidest. Am besten schabst du die Rinde mit dem Rücken deines eingeklappten Taschenmessers ab.

2. Das dicke Ende des Stockes bildet nun die Vorderseite deines Pfeils. Er fliegt nämlich nur dann sicher und gut in eine Richtung, wenn er vorne schwerer ist als hinten. Da wir einen Zielring verwenden, durch den du durchschießt, muss dein Pfeil auch nicht angespitzt werden.

3. Am Ende des Pfeils schnitzt du eine kleine Kerbe in die Kopfseite. Verwende für diese Arbeit ein kleines Messer und deinen Hilfsdaumen.

   Tipp 10 ▶ Kerbe (Siehe S. 11),

   Tipp 3 ▶ Hilfsdaumen (Siehe S. 8)

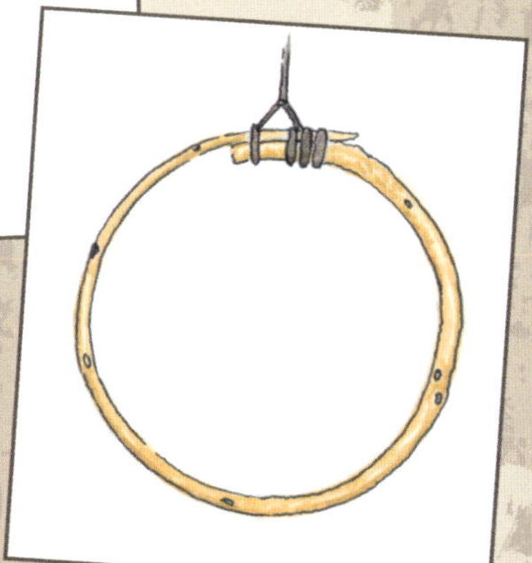

4. Im frischen Zustand ist dein Holz noch ein wenig formbar und du kannst durch vorsichtiges Biegen kleine Krümmungen ausgleichen.

5. Für den Zielring stellst du einen Ring her, wie in der Anleitung zum Traumfänger (siehe S. 80) beschrieben.

6. Hänge den Zielring so auf, dass die Öffnung zu dir zeigt und du gut hindurchschießen kannst. Viel Spaß beim ersten Probeschuss!

Forschen in Natur und Garten

In der Natur gibt es jede Menge Spannendes zu entdecken. In diesem Kapitel lernst du, wie du zahlreiche praktische Hilfsmittel basteln kannst, um die Natur zu erforschen, sowie allerhand schöne Dinge für deinen Garten.

D.I.Y.

Schwierigkeit: ★☆☆

Dosenlupe

Mit diesem Forschungswerkzeug kannst du hervorragend kleine Fische, Bachflohkrebse und Wasserinsekten beobachten oder herausfinden, wie es am Boden eines Baches aussieht.

Du brauchst:

- eine gut gesäuberte, leere Konservendose
- Taschenmesser: Dosenöffner, Schere
- ein großes Stück dicke Klarsichtfolie (ca. 30 x 30 cm)
- 2 feste Haushaltsgummis

So geht's:

1. Entferne zuerst auch den Boden deiner leeren Dose mit einem Dosenöffner.
2. Lege dann die zurechtgeschnittene Folie um die Öffnung und befestige sie mit den beiden Gummis am Dosenrand.
3. Falls zu viel Folie übersteht, kannst du sie mit deiner Schere zurechtschneiden.

Vergiss die Gummistiefel nicht, wenn du auf Entdeckungstour ins Wasser gehst.

Große Schlammschnecke

Wasserassel

Taumelkäfer

Köcherfliegenlarve

Gelbrandkäfer

Kaulquappe

D.I.Y.

Schwierigkeit: ★☆☆

Dosentelefon

Dies ist eine sehr alte Methode, die lange vor unserem Telefon dazu genutzt wurde, um sich über größere Entfernungen zu verständigen. Und du wirst sehen: Sie ist viel lustiger und spannender als das Telefonieren mit dem Handy!

Du brauchst:

- Taschenmesser: Ahle, Schere
- 2 kleine Weißblechdosen (auf einer Seite bereits geöffnet und sauber gespült)
- feste Schnur
- einen Hammer und 3 kleine Nägel

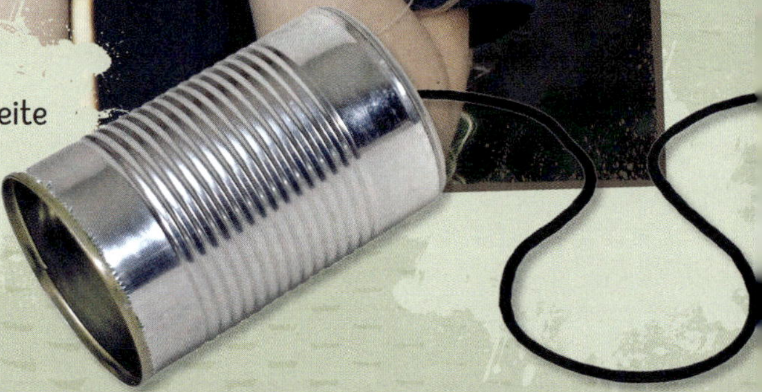

So geht's:

1. Stich mit der Ahle je ein kleines Loch in die Böden der Dosen, das am besten etwa den Durchmesser der Schnur hat. Zum Lochen des Bleches kannst du aber auch einen kleinen Nagel und einen Hammer benutzen.
2. Jetzt schneidest du deine Schnur in der gewünschten Länge zu und fädelst sie an beiden Enden durch die Löcher. Von innen versiehst du deine Schnur mit einigen festen Knoten, damit diese auch unter Spannung nicht herausrutschen kann. Falls deine Schnur sehr dünn ist, kannst du dir mit einem kleinen Nagel behelfen: Fädle die Schnur durch das Loch und knote den Nagel als Sicherung daran fest.
3. Jetzt brauchst du einen Partner. Jeder von euch nimmt eine Dose in die Hand. Stellt euch in einiger Entfernung zueinander auf und haltet die Schnur gespannt. Nun spricht einer in seine Dose und der andere hört zu.

Viel Spaß beim Dosen-Telefonieren!

Experimentiere selbst, über welche Strecke die Kommunikation per Dosentelefon möglich ist. Vielleicht kannst du ja sogar mit Freundinnen und Freunden, die in der Nähe wohnen, eine Dosentelefon-direktleitung bauen.

D.I.Y.

Schwierigkeit: ★☆☆

Ohrenkneiferhotel

Ohrenkneifer sind sehr wichtige Tiere, die große Mengen an Blattläusen vertilgen können. Wenn du ihnen eine Wohn- und Aufzuchtmöglichkeit für ihren Nachwuchs baust, werden also auch die Blattläuse an eurem Apfelbaum weniger.

Du brauchst:

- Taschenmesser: Schere / Messer, Ahle
- trockenes Gras oder Stroh
- dicke Schnur
- einen kleinen Pflanztopf aus Ton
- eine Abdeckung (Kronkorken, kleines Stück Holz oder stabile Rinde)
- ggf. wasserfeste Bastelfarbe und Pinsel

So geht's:

1. Mithilfe der Schere oder des Taschenmessers schneidest du zunächst das Gras oder Stroh zurecht. Es sollte etwa 10 – 15 cm lang sein. Schneide dann ein ca. 1 m langes Stück Schnur ab und binde damit ein dickes Bündel Stroh oder Gras fest zusammen, sodass es gut hält und nicht auseinanderfallen kann. Das Bündel sollte stramm in den Topf passen und diesen auch gut ausfüllen, es kann ruhig ein wenig unten herausschauen.

2. Nun ziehst du das andere Ende der Schnur von innen durch das Loch des Topfes und somit das Bündel in den Topf hinein. Damit der Topf auch von oben fixiert ist, solltest du noch eine Abdeckung, zum Beispiel einen Korken oder ein Stück Holz oder Rinde, auffädeln. Diese durchstichst du mit einer Ahle, ziehst den Faden durch das Loch und knotest das Ganze so dicht wie möglich auf den Tontopf.

3. Zum Schluss kannst du das Ohrenkneiferhotel anmalen und anschließend an einen Baum oder Strauch hängen. Und schon können die Bewohner einziehen.

D.I.Y.

Schwierigkeit: ★☆☆

Lagerfeuer-Garstock

Den ganzen Tag an der frischen Luft zu sein, macht hungrig. Stelle einen Garstock her, um dich am Lagerfeuer mit Brot, Würstchen oder Bratäpfeln zu stärken! Am besten verwendest du dazu einen Frischholzstock, da er über dem Feuer nicht so schnell wegbrennt. Wenn du diesen häufiger verwenden möchtest oder doch auf einen trockenen Stock zurückgreifst, solltest du den vorderen Teil vor dem Gebrauch gut wässern. Stelle deine Stöcke dazu eine Zeitlang in einen Eimer mit Wasser.

Du brauchst:

- einen Frischholzstock (Länge: ca. deine Körpergröße, Durchmesser: ca. 2 cm)
- ein Taschenmesser

Wickle eine ca. 3 cm dicke **Hefeteig-Schlange** spiralförmig um deinen Stock. Die Spitze des Holzes sollte nicht aus dem Teig herausragen, sie verbrennt sonst. Achte beim Garen des Brotes über dem Feuer darauf, dass du es nicht in die Flammen, sondern nur in die Nähe hältst.

So geht's:

1. Entferne die Rinde im vorderen Bereich (ca. 20 cm). Das reicht dann schon als Vorbereitungsarbeit, wenn du ausschließlich Stockbrot garen möchtest.
2. Für Würstchen oder Bratäpfel spitzt du den Stock vorne mit deinem Messer an. Die Spitze sollte ebenfalls ca. 20 cm lang sein, sodass du eine Wurst der Länge nach aufspießen kannst.

Rezept für Stockbrotteig:

- 250 g Weizenmehl
- 250 g 6-Korn- oder Vollkornmehl
- 1 Beutel Trockenhefe
- 1 TL Salz
- 2 TL Zucker
- 6 EL Olivenöl
- 300 ml warmes Wasser

Vermenge alle trockenen Zutaten. Nimm von der Mischung 300 g ab und verrühre sie mit Öl und warmem Wasser zu einem zähen Vorteig. Lasse diesen an einem warmen Ort eine halbe Stunde gehen. Füge dann den Rest des Mehlgemisches hinzu und verknete alles gründlich zu einem glatten Teig. Falls er an den Händen klebt, gib noch ein wenig Mehl dazu. Jetzt sollte er eine weitere halbe bis eine Stunde gehen.

Guten Appetit!

Für **Stockbratwurst** stichst du eine frische Bratwurst mehrmals mit einer Gabel ein und spießt sie dann auf. Wenn sie gar ist, lass sie ein wenig abkühlen und beiße sie dann direkt vom Stock ab.

Für einen **Bratapfel vom Feuer** spießt du einen Apfel so auf, dass du den Stock in den Stielbereich und durch das Kerngehäuse einstichst. Auch hier ist es wichtig, dass die Spitze nicht herausschaut. Halte den Apfel ziemlich nah ans Feuer und drehe ihn über den Flammen. Er ist fertig, wenn die Schale richtig schwarz geworden ist. Diese pellst du mit deinem Taschenmesser ab, bevor du hineinbeißt.

D.I.Y.

Schwierigkeit: ★★☆

Spurenabdrücke

Die Tiere des Waldes hinterlassen alle unterschiedliche Fußspuren, die man auch Um festzuhalten welches Tier dort vorbeigelaufen ist kannst du den folgenden Trick anwenden.

Du brauchst:

- einen großen, sauberen Joghurtbecher (1.000 ml)
- Taschenmesser: Schere, Ahle
- etwas Wasser (ca. 200 ml)
- eine kleine Tüte Gips
- einen kleinen Stock

So geht's:

1. Schneide den Joghurtbecher etwa auf halber Höhe durch. Am besten stichst du dazu mit der Ahle deines Taschenmessers zunächst ein Loch in das Material. Dann schneidest du das Plastik rundherum mit der Schere auf.

2. Der untere Teil des Bechers dient dir als Anrührgefäß für den Gips und der obere als Form für deinen Spurenabdruck. Lege diesen Ring um einen Abdruck, den du im Boden gefunden hast, und drücke ihn ein wenig fest. Entferne vorsichtig störendes Laub oder Grasreste, ohne den Abdruck dabei zu zerstören.

3. Stelle jetzt die Abgussmasse her, indem du deinen Becher zuerst zu ungefähr einem Drittel mit Wasser füllst (ca. 200 ml) und dann den Gips (ca. 12 EL) zugibst. Verrühre die Masse mit einem kleinen Stock. Sie sollte eine ähnliche Konsistenz wie Pfannkuchenteig haben und frei von Klumpen sein. Fülle sie jetzt in deine vorbereitete Form und lasse den Gips antrocknen. Das dauert mindestens 10 – 15 Minuten.

4. In dieser Zeit kannst du mit deiner Ahle das Datum und deinen Namen in die oben liegende Seite des Gipses einritzen, wenn dein Abdruck vollständig durchgetrocknet ist. Prüfe anschließend noch einmal vorsichtig, ob der Abguss wirklich schon fest geworden ist, und ziehe die Form mitsamt dem Gipsinhalt aus dem Boden heraus. Entferne grob die Erdklumpen, die nun eventuell am Gips haften. Die Feinsäuberung solltest du erst durchführen, wenn dein Abdruck über Nacht vollständig durchgetrocknet ist.

So kannst du im Laufe der Zeit eine richtige Spurensammlung herstellen.

Reh

Hund

Feldhase

Wildschwein

Rotfuchs

Stockente

Eichhörnchen

Dachs

D.I.Y.

Schwierigkeit: ★★☆

Insektenstaubsauger

Ein Insektenstaubsauger, ein sogenannter Exhaustor, hilft dir, ganz kleine Insekten, die du mit der Hand nicht so leicht einfangen kannst, aufzusammeln. Er ist also ein sehr nützliches Forschungswerkzeug für deine Streifzüge.

Du brauchst:

- eine durchsichtige PET-Flasche (100 ml), rund mit Schraubdeckel (zum Beispiel ein leeres Badeölfläschchen)
- Taschenmesser: Ahle, Messer, Schere
- ggf. Handbohrer
- ein kleines Stück feinmaschigen Stoff oder Fliegengitter (2 cm x 2 cm)
- flexiblen Plastikschlauch (Länge: ca. 10 cm; Durchmesser: ca. 8 mm)

So geht's:

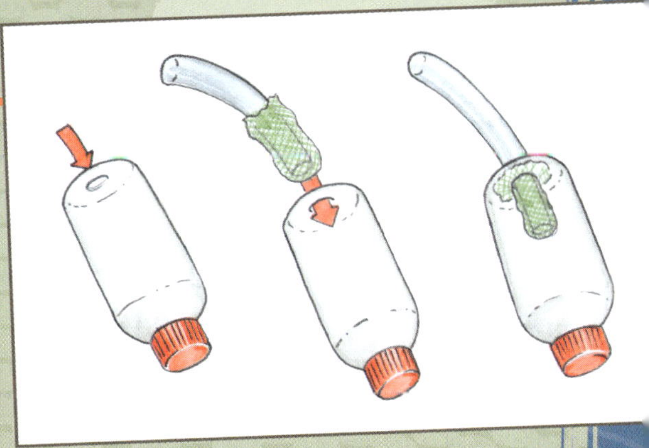

1. Zuerst bohrst du mit der Ahle ein Loch in den Boden des Fläschchens. Du kannst auch einen kleinen Handbohrer verwenden. Lasse dir am besten von einem Erwachsenen helfen, da du dabei leicht abrutschen kannst. Dann erweiterst du das Loch mit einer kleinen Klinge deines Taschenmessers, sodass der Plastikschlauch genau hineinpasst.
2. Lege das Stoffstück um ein offenes Ende des Schlauches und drücke den Schlauch in die Öffnung. Der Stoff verhindert, dass du Fliegen, Ameisen oder andere kleine Krabbeltiere in deinen Mund saugst.
3. Wenn dein Staubsauger nun zum Einsatz kommen soll, nimmst du den Schraubdeckel ab, hältst diese Öffnung vorsichtig an das Insekt und saugst mit deinem Mund am Plastikschlauch, und zwar so fest, dass das Tierchen in die Flasche rutscht. Sobald das geklappt hat, drehst du die Flasche ein wenig hoch, damit es nicht wieder herausfällt. Dann schließt du den Schraubdeckel und kannst das Tier so in Ruhe anschauen.

Frage einen Erwachsenen, wenn du nicht sicher bist, ob das Tier dich stechen oder verletzen kann, und vergiss bitte nie, die Tiere anschließend wieder freizulassen!

D.I.Y.

Schwierigkeit: ★★☆

Nisthilfen für Wildbienen

Wildbienen übernehmen eine äußerst wichtige Rolle bei der Bestäubung von Pflanzen. Doch in unseren aufgeräumten Gärten finden sie oft keine geeigneten Stellen, um ihre Eier abzulegen. Mit einer selbst gebauten Nisthilfe kannst du die Bienen unterstützen.

Mit etwas Glück hast du schon bald die ersten Gäste in deiner Nisthilfe. Bereits nach kurzer Zeit sind dann oft die ersten Stängel mit einer Schicht aus Bienenspucke und Lehm verschlossen. In diesen Kammern liegen die Bieneneier, die später zu Larven und anschließend zur erwachsenen Biene werden. Diese befreit sich aus ihrer Wohnröhre und macht sich fliegend auf den Weg zur ersten Blüte.

Du brauchst:

- getrocknete Pflanzenstängel (Innendurchmesser: max. 1 cm), zum Beispiel: Schilfhalme (diese kannst du als Sichtschutzmatten im Baumarkt kaufen oder natürlich auch selber sammeln, wenn du in der Nähe eines Gewässers wohnst oder ihr einen Teich im Garten habt)
- Bambusstängel
- Naturstrohhalme
- andere dickere, hohle Pflanzenstängel
- Taschenmesser: Messer / Säge
- ggf. Schleifpapier
- Schnur / Draht
- größere Rindenstücke / Weißblechdosen als Regenschutz

So geht's:

Wildbienen sind keine „wilden" Bienen, sie sind sogar sehr sanftmütig. Sie leben im Gegensatz zur Honigbiene nicht in Staaten und haben daher in der Regel auch keinen Grund, die anderen Bienen zu verteidigen und vermeintliche Angreifer zu stechen.

1. Zunächst kürzt du deine Halme und Stängel mit Messer oder Säge auf 20 cm. Achte darauf, dass die Schnittkanten gerade sind und nicht ausfransen. Zu scharfe oder fransige Sägekanten solltest du mit einem Stück Schleifpapier bearbeiten, da diese die Bienen verletzen könnten.
2. Wenn du ein Rindenstück als Regenschutz verwendest, musst du zuerst ein Stängelbündel zusammenbinden, sodass es einen Durchmesser von ungefähr 10 cm erhält. Darauf fixierst du die Rinde mit Schnur oder Draht. Ziehe das Ganze gut fest, damit es auch hält. Jetzt ist dein erstes Wildbienennest bereits fertig.
3. Wenn du eine Weißblechdose als Regenschutz verwendest, kannst du die zurechtgeschnittenen Stängel einfach in die Dose stecken und diese damit so dicht füllen, dass sie nicht herausfallen können.
4. Befestige deine Nisthilfe etwas erhöht an einer sonnigen, nicht zu windigen Stelle. Es sollte so fest hängen, dass der Wind es nicht hin- und herschaukeln kann. Außerdem darf es auf der Einflugseite nicht hineinregnen!

D.I.Y.

Schwierigkeit: ★★☆

Blumenbeet-Abgrenzung

Mit dieser ausschließlich aus Naturmaterialien hergestellten Abgrenzung kannst du dein Blumen- oder Kräuterbeet verschönern.

Hast du keinen Garten, aber einen Balkon, dann kannst du auch eine kleine Abgrenzung bauen und damit zum Beispiel die Kräuter in einem Blumenkasten voneinander trennen. Das sieht sehr süß aus und ist auch noch praktisch!

Du brauchst:

für ca. 1 m fertige Abgrenzung:

- 8 – 10 Holzstöcke aus härterem Holz (zum Beispiel Buche, Hainbuche oder Eiche, Länge: ca. 40 cm, Durchmesser: ca. 3 cm)
- Taschenmesser: Messer, Säge
- ca. 30 – 40 dünne Weiden- oder Haselruten (oder vergleichbares Holz)
- ggf. einen Hammer
- ein paar kleine Nägel

So geht's:

1. Als Erstes schnitzt du den Holzstöcken eine Spitze (ca. 10 cm lang) und treibst sie anschließend mit einem Abstand von 10 – 15 cm in den Boden, sodass sie ca. 20 cm herausschauen.

2. Nun nimmst du dir eine Rute und flichtst diese um die Stöcke. Fange dabei mit der dicken Seite an und lege sie wie auf der Abbildung a gezeigt um die Stöcke. Achte dabei darauf, dass du in der zweiten Reihe versetzt arbeitest und immer mit der Seite der Rute beginnst, mit der du auch aufgehört hast (dicke Seite auf dicke Seite und dünne Seite auf dünne Seite). Auf diese Weise flichtst du bis zu einer Höhe von ca. 18 cm und fixierst die Ruten an einigen Stellen mit kleinen Nägeln, damit sie nicht nach oben herausrutschen.

Du kannst selbstverständlich auch noch längere Abgrenzungen herstellen, die auch nicht unbedingt gerade verlaufen müssen, sondern zum Beispiel eine geschwunge oder runde Form haben können, was wirklich sehr schön aussieht.

D.I.Y.

Schwierigkeit: ★★★

Wiesenkescher

Der Wiesenkescher ermöglicht dir das vorsichtige Einfangen von Käfern, Heuschrecken und anderen fliegenden Insekten. Er ist ein sogenannter Streifkescher, d.h. du streifst den Kescher durch hohe Wiesen, legst ihn dann ab und untersuchst den Inhalt.

Achte unbedingt darauf, dass du die gefangenen Tierchen immer vorsichtig behandelst!

Du brauchst:

- einen starken, ummantelten Draht (zum Beispiel einen verzinkten Stahldraht mit PVC-Beschichtung, Länge: 150 cm, Außendurchmesser: 3,8 mm)
- Gewebeband
- ein Fliegengitterstoffstück (80 cm x 10 cm)
- Nadel und Faden
- Taschenmesser: Schere, ggf. Ahle

So geht's:

1. Biege den Draht einmal in der Mitte, sodass er doppelt liegt. Die eine Hälfte benötigst du für den Kescherring, die andere für den Griff. Für den Griff faltest du nun die eine Seite zweimal und teilst sie somit in drei gleiche Teile, die nebeneinander liegen, wie auf Abbildung a gezeigt.

   Den letzten dieser drei wickelst du in gleichmäßigen Schlingen um die anderen beiden. Scharfe Kanten solltest du noch mit dem Gewebeband umwickeln. Damit ist dein Griff fertig.

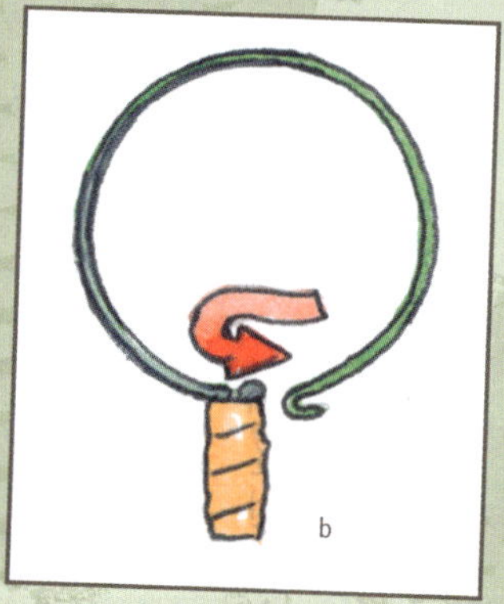

2. Am anderen Ende des Drahtes biegst du eine ca. 3 cm lange Öse. Wenn du den Draht jetzt zu einem Ring formst, kannst du die Öse direkt am Griff einhängen (siehe Abbildung b). Schließe die Öse und fixiere sie mit Gewebeband.

3. Jetzt brauchst du nur noch den Kescherbeutel anzufertigen. Lege den Stoff doppelt, sodass er auf 40 x 40 cm liegt. Nähe den Stoff nun in groben Stichen wie eine Tüte zusammen, eine Seite bleibt offen. Die offene Seite legst du um den Kescherring, sodass du einen Umschlag von ca. 2 cm erhältst (siehe Abbildung c).

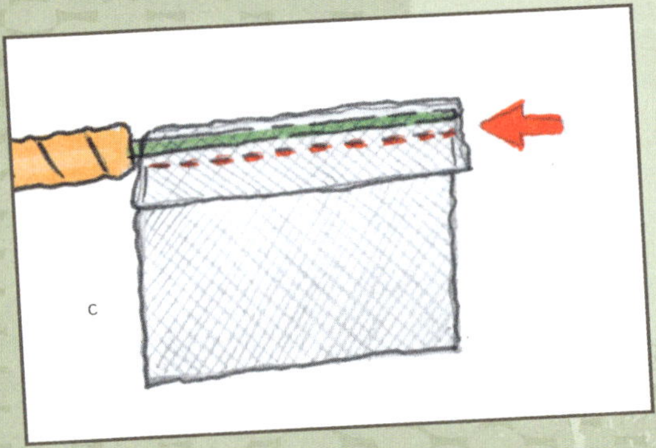

Am besten fixierst du diesen Umschlag zuerst mit Gewebeband und vernähst ihn dann rundum mit möglichst kleinen Stichen.

Meine Beobachtungen & Notizen

Diese Tiere konnte ich mit meiner **Dosenlupe** beobachten:

Mit meinem **Wiesenkescher** habe ich gefangen:

Am .... habe ich zum ersten Mal **Wildbienen in meiner Nisthilfe** entdeckt.

Am .... sind die ersten **Ohrenkneifer in mein Ohrenkneiferhotel** eingezogen.

Diese Tiere konnte ich mit meinem **Insektenstaubsauger** fangen:

....

....

....

....

....

....

....

Diese **Beobachtungen** habe ich dabei gemacht:

....

....

....

....

....

....

....

Diese **Tierspuren** habe ich gefunden:

....

....

....

....

....

....

....

D.I.Y.

Kreatives Werken
mit dem Taschenmesser

Im folgenden Kapitel findest du Anleitungen für das Werken mit unterschiedlichen Materialien. Wir erklären dir die Techniken und Arbeitsschritte und zeigen dir Beispiele dafür, wie deine Arbeiten am Ende aussehen könnten. Dabei ist aber immer deine eigene Fantasie und Kreativität gefragt: Wie du deine Bastelei gestalten möchtest, entscheidest alleine du!

Für deine Arbeiten musst du zunächst auf die Suche nach geeignetem Material gehen. Halte bei einem Spaziergang im Wald die Augen nach schön geformten Wurzel- oder Holzstückchen, Federn, Eichelhütchen oder Bucheckernhülsen auf. Wenn du ein Gewässer in der Nähe hast, lohnt sich auch dort eine Suche nach Strandgut. Am Flussufer findest du zum Beispiel angeschwemmtes und abgeschliffenes Holz oder Steine, bunte Kronkorken, kleine verrostete Metallteile oder manchmal auch Muscheln. Alles, was du schön findest, kann in deinen Kunstwerken verarbeitet werden. Sicher finden sich in eurem Haushalt auch allerhand Dinge, die nicht mehr gebraucht werden und sich für deine Werkprojekte eignen. Vielleicht hast du aus einem deiner letzten Urlaube noch eine Muschel- und Steinesammlung, die du gerne verwenden möchtest. Und bevor du das nächste Mal einen Joghurtbecher, Korken oder Eierkarton in den Müll wirfst, überlege zunächst, ob du nicht noch etwas Schönes daraus basteln könntest ...

Grundausstattung

Das Taschenmesser

Mit der Schere kannst du gut Kordeln und Bänder abschneiden. Die Ahle benutzt du, um Löcher in Leder oder in eine Dose zu bohren und die Lochahle hilft dir dann dabei, eine Kordel durch eines der Löcher zu fädeln. Mit dem Dosenöffner entfernst du den Boden einer leeren Blechdose und mit dem Schraubenzieher kannst du kleine Schrauben lösen und festschrauben. Die Messerklinge selber ist für kurzes Zurechtschnitzen geeignet. Für längere Schnitzarbeiten benutzt du am besten ein einklingiges Schnitzmesser.

D.I.Y.

Schwierigkeit: ★☆☆

Stiftständer

Kennst du das Problem: Chaos auf dem Schreibtisch, die Stifte fliegen überall herum, aber wenn du sie brauchst, sind sie spurlos verschwunden? Dafür ist dieser Stiftständer eine tolle Lösung. Er lässt sich recht einfach herstellen und sieht sehr hübsch auf deinem Schreibtisch aus.

Du brauchst:

- Schere
- Bastelleim
- Stifte / Bastelfarben
- 2 Toilettenpapierrollen
- ein dünnes Holzbrettchen (ca. 15 x 15 cm)
- Fundsachen

So geht's:

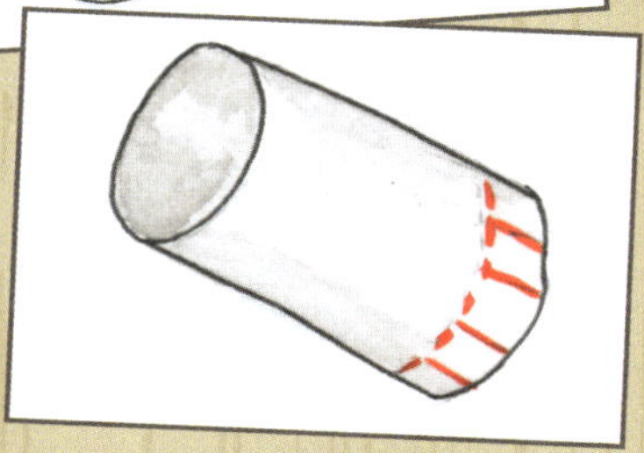

1. Eine Toilettenpapierrolle schneidest du so durch, dass du zwei unterschiedlich hohe Rollen erhältst. Die zweite bleibt so, wie sie ist.

2. Nun ziehst du auf allen dreien rundherum eine Linie, etwa 1 cm vom unteren Rand entfernt.

3. Schneide den Rand jetzt bis genau zu dieser Linie in einem Abstand von ca. 1 cm mehrmals ein.

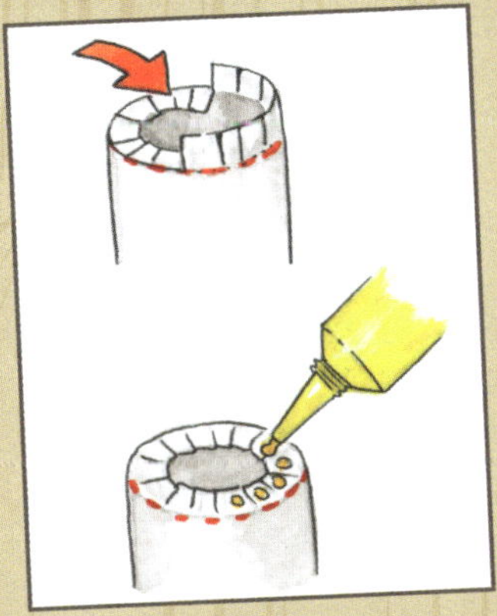

4. Knicke die so entstandenen Laschen nach innen.

5. Tropfe jeweils einen kleinen Tropfen Bastelleim auf die Laschen und klebe die Rollen auf deinem Holzbrett fest. Drücke sie an, bis der Leim trocken ist.

6. Male die Rollen und das Brett mit Bastelfarbe an und lasse alles gut trocknen.

7. Jetzt ist deine Kreativität gefragt: Befestige einige deiner Fundsachen an den Rollen und am Brettchen. Auf der Pappe kannst du die Dinge gut aufkleben, du kannst aber auch kleine Löcher durch die Toilettenpapierrollen stechen und deine Schätze mit Draht anbinden. Auf dem Brettchen nagelst oder klebst du deine Fundstücke am besten fest.

In die große und die mittlere Rolle passen deine Stifte, in die kleine Radiergummis oder Füllerpatronen.

D.I.Y.

Schwierigkeit: ★☆☆

Fenster- oder Wandschmuck

Schmücke dein Zimmer mit deinen schönsten Fundstücken und Schätzen!

Du brauchst:

- Schnur
- eine Auswahl an schönen Sachen aus der Natur, die sich zum Durchbohren oder Umwickeln mit Draht eignen (härtere Früchte, zum Beispiel Hagebutten, kleine Wurzelstücke, Holzscheiben, Federn, Muscheln ...)
- eine Auswahl an schönen Dingen aus deinen gesammelten Vorräten (Kronkorken, bunte und abgeschliffene Glasscherben, kleine Spielfiguren ...)

So geht's:

> Du kannst solche Ketten auch als Windspiel verwenden. Dafür brauchst du mehrere Stränge, die du dicht nebeneinander draußen an einem geschützten Ort aufhängst, damit der Wind sie zum Klingen bringt.

1. Lege dir deine Auswahl zurecht und bearbeite die einzelnen Sachen so, dass du sie auffädeln kannst: Dinge, die sich durchbohren lassen, durchbohrst du mit der Ahle oder einem kleinen Handbohrer. Steine, Glasscherben, Spielfiguren und andere, die du nicht durchbohren kannst, umwickelst du wie ein kleines Geschenk mit dünnem Basteldraht und formst eine Öse, durch die du später eine Schnur ziehen kannst. Manche Dinge lassen sich aber auch direkt festknoten.
2. Schneide ein Stück einer ausreichend dicken Schnur ab. Wie lang die Schnur sein soll, entscheidest du selbst.

> Diese Variante eignet sich am besten für eher ähnliche Gegenstände (zum Beispiel viele bunte Kronkorken, verschiedenfarbige Glasscherben, Wurzelstücke, Lochsteine, etc.).

Variante 1:

1. Wähle ein Endstück, zum Beispiel eine Holzscheibe oder ein schönes Wurzelstück, aus und befestige die Schnur daran mit einem festen Knoten.
2. Nun nimmst du nacheinander die Dinge, die du ausgewählt hast, und fädelst sie auf die Schnur, sodass sie dicht an dicht aneinanderliegen.
3. Das obere Ende der Schnur knotest du zu einer Schlaufe, an der du dein Kunstwerk aufhängen kannst.

> Diese Variante ist prima geeignet, wenn du viele unterschiedliche Fundstücke hast, da hier die einzelnen Schätze sehr gut zur Geltung kommen.

Variante 2:

1. Beginne mit einem Ende und knote die ausgewählten Dinge in gleichmäßigen Abständen an deine Schnur. Den Abstand kannst du dabei variieren, er muss nicht immer gleich sein.
2. Knote das obere Ende der Schnur zu einer Schlaufe, an der du dein Kunstwerk aufhängen kannst.

D.I.Y.

Schwierigkeit: ★☆☆

Handyständer

Dieser Handyständer lässt sich ganz einfach herstellen und sieht sehr witzig aus. Außerdem bekommt dein Handy damit einen festen Platz und du musst nicht dauernd danach suchen.

Du brauchst:

- Schere
- Farbe
- Bastelleim
- einen 6er-Eierkarton mit 2 hohen Spitzen in der Mitte
- Fundsachen
- Steine

Wenn alles gut getrocknet ist, kannst du dein Handy in den Ständer stellen.

So geht's:

1. Schneide den Deckel des Eierkartons mit der Schere oder dem Messer ab.
2. Male den unteren Teil mit Bastelfarbe an.
3. Klebe einige deiner Fundstücke mit Bastelleim fest. Suche dir dazu ein paar besonders schöne, kleine Dinge aus, die dir gut gefallen.
4. Zur Beschwerung legst du zusätzlich einige hübsche Steine in die Kammern.

Schwierigkeit: ★★☆

Schöne-Fundsachen-Bild

Hast du bei deinen Ausflügen durch die Natur schon viele tolle Schätze gesammelt? Diese kannst du zu einem Schöne-Fundsachen-Bild zusammenstellen.

Du brauchst:

- Bastelfarbe
- Fundsachen
- ein Brett, eine alte Holzkiste oder Schublade als Unterlage
- evtl. Heißklebepistole oder Bastelleim
- evt. Draht

So geht's:

Am besten stellst du dein Kunstwerk auf. Du kannst es aber auch mithilfe eines Erwachsenen an der Wand befestigen.

1. Lege alle Fundsachen zurecht, um dir einen Überblick zu verschaffen.
2. Male dein Brett oder deine Schublade mit Bastelfarbe an und lasse die Farbe trocknen.
3. Befestige deine ausgewählten Gegenstände nun auf der Holzunterlage. Du kannst sie entweder leimen oder nageln oder die Dinge durchbohren und mit Draht festbinden. Falls du eine Heißklebepistole besitzt, kannst du auch diese benutzen. Vorsicht: Sie wird wirklich heiß!

D.I.Y.

Schwierigkeit: ★☆☆

Magischer Zauberstab

Ein Zauberstab sollte immer aus genau dem richtigen „Zauberholz“ und einigen anderen magischen Zutaten hergestellt werden. Du solltest also vor Beginn deiner Arbeit einen kleinen Streifzug durch die Natur einplanen.

Du brauchst:

- Taschen- oder Schnitzmesser
- Bastelleim
- Wolle oder Baumwollschnur
- einen Frischholzast (Länge: 40 – 50 cm, Durchmesser: 1 – 1,5 cm), am besten aus Weide, Hasel oder Birke
- einen wasserfesten Filzstift
- Magische Zutaten (Dinge aus der Natur, zum Beispiel Federn oder Muscheln)
- Schleifpapier
- Zauberpflanzen (zum Beispiel Lavendel)

So geht's:

1. Nimm den Ast am dickeren Ende in die Hand und zeichne eine Hilfslinie als Begrenzung des Griffbereiches auf. Dieser sollte 2 – 3 cm größer als deine Handbreite sein, damit der Zauberstab später gut in deiner Hand liegt.

2. Entferne nun mit dem Schnitz- oder Taschenmesser die Rinde unterhalb des Griffbereichs bis zur Hilfslinie. Versuche dabei wirklich nur die Rinde und so wenig Holz wie möglich zu entfernen.
3. Wähle ein Stück bunte Wolle oder Baumwollschnur aus, überziehe den Griffbereich mit Bastelleim und wickle die Schnur dicht an dicht um das Holz, sodass keine Rinde mehr sichtbar ist.

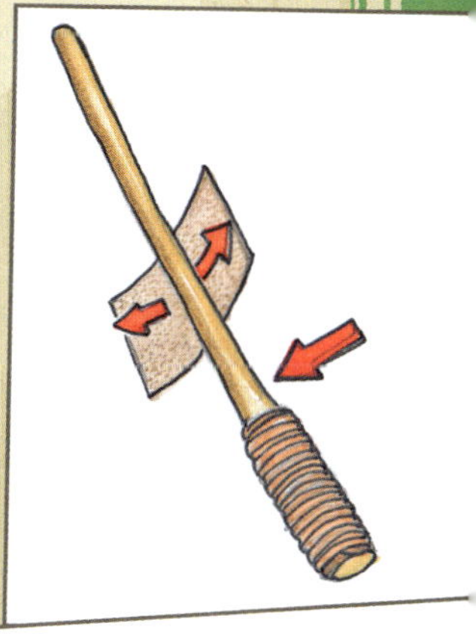

4. Suche dir ein oder zwei magische Zutaten aus und binde sie mit einer Schnur zwischen Griff und Stab fest. Wenn sie sich nicht direkt anbinden lassen, durchbohre sie vorher mit einem Handbohrer.
5. Schleife den Stabbereich deines Zauberstabes sorgfältig, bis sich das Holz schön glatt anfühlt.
6. Schneide die gesammelten Zauberpflanzen mit dem Messer klein und stampfe sie anschließend zu einem grünen Brei. Damit reibst du deinen Zauberstab ein, damit er auch richtig magisch duftet.

Wenn du das Taschen- oder Schnitzmesser nicht ausklappst, kannst du die Rinde mit dem Rücken des Messers ganz einfach abkratzen. Dabei verletzt du das darunter liegende Holz überhaupt nicht und alles wird schön glatt.

Schwierigkeit: ★★☆

Witziges Gipsbild

Gestalte ein Bild aus all deinen Fundstücken. Dabei sind deiner Fantasie keine Grenzen gesetzt: Lege zum Beispiel ein Gesicht, ein Schiff, eine Blume oder ein besonders schönes Muster.

Du brauchst:

- Taschenmesser
- Kordel oder Bast
- mehrere Stöcke in ungefähr gleicher Dicke
- evtl. Plastikschüssel mit Sand
- Fundsachen
- etwas Wasser (ca. 200 ml)
- ein Gefäß und einen Löffel zum Anrühren
- eine kleine Tüte Gips
- einen Löffel / einen kleinen Stock
- eine Schüssel / einen Eimer mit Wasser

So geht's:

1. Als Erstes stellst du einen Rahmen für dein Bild her. Dazu sägst du vier Stockchen auf ca. 25 cm zurecht und bindest sie mit Kordel oder Bast, wie in der Abbildung gezeigt, fest aneinander. Lasse die Kordelenden an jeder Ecke ein wenig überstehen. Diese brauchst du später, um sie in den Gips einzugießen und Rahmen und Bild so miteinander zu verbinden.
2. Den Rahmen legst du nun auf eine glatte Sandfläche (dazu eignet sich ein Sandkasten oder eine mit Vogelsand gefüllte Schüssel) und drückst ihn ein wenig in den Sand.
3. Verteile deine Fundsachen nun innerhalb des Rahmens. Achte dabei darauf, dass du den Teil der Sachen, die du später auf deinem Bild sehen möchtest, tief in den Sand drückst. Außerdem muss immer auch ein Teil der Fundstücke aus dem Sand herausragen, damit sie später von Gips umschlossen sind.
4. Wenn du mit deiner Anordnung zufrieden bist, rührst du eine Portion Gips an: Fülle dazu Wasser in eine Schüssel, gib das Gipspulver hinzu und verrühre die Masse mit einem Löffel oder einem kleinen Stock. Sie sollte eine Konsistenz wie Pfannkuchenteig haben und frei von Klumpen sein.
5. Fülle die Masse jetzt vorsichtig in deinen vorbereiteten Rahmen und lege die Kordelenden der Eckverbindungen in die Gipsmasse. Jetzt kannst du auch noch einen Haken aus Draht oder eine Schlaufe aus Kordel als Aufhängung in den Gips drücken.
6. Warte ca. 20 Minuten und hebe das Bild dann vorsichtig aus dem Sand. Fülle eine große Schüssel oder einen Eimer mit Wasser und wasche dein Bild darin, bis der lose Sand abgefallen ist.

Bis dein Bild richtig trocken ist, dauert es eine Woche. Hänge es erst dann auf!

D.I.Y.

Schwierigkeit: ★★☆

Traumfänger

Ein Traumfänger an deinem Bett hilft dir beim Einschlafen und filtert nachts deine Träume, sodass nur die schönen dich erreichen. Außerdem ist ein selbst hergestellter Traumfänger auch ein tolles und sehr persönliches Geschenk!

Du brauchst:

- Taschenmesser
- Wolle (mehrere Farben)
- gut biegbares Holz (zum Beispiel Weide, Hasel, Efeu oder Hartriegel) (Durchmesser: max. 5 mm)
- verschiedene hübsche Materialien aus der Natur zum Verzieren (Holzstückchen, bunte Herbstblätter, Federn, härtere Herbstfrüchte, zum Beispiel Weißdorn oder Ahorn, ggf. auch Muscheln oder Wurzelstücke)

So geht's:

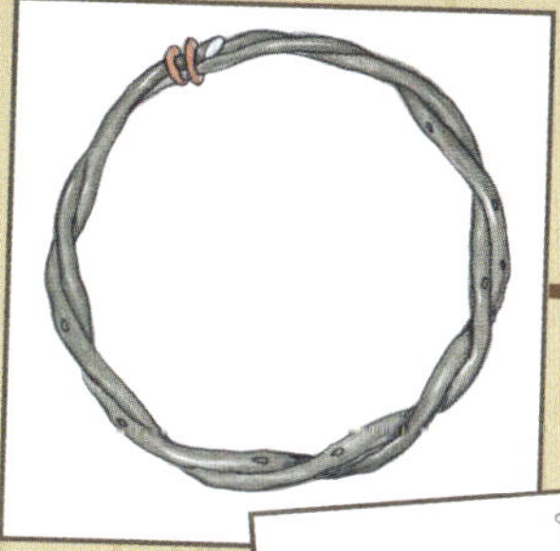

1. Für den Außenring deines Traumfängers sägst du eine etwa 1,50 m lange Rute ab. Schräge das dicke Ende mit einem Messer an. **Tipp 5 Abschrägen** (Siehe S. 9)

2. Mache die Rute geschmeidig, indem du sie vorsichtig Stück für Stück in die zukünftige Rundung biegst. Forme daraus anschließend einen Ring, schlinge dabei das dünne Ende der Rute mehrere Male um das dicke, sodass der Ring mindestens doppelt liegt. Auch wenn du ihn loslässt, sollte er nicht mehr auseinanderrutschen. Falls dir das nicht ganz gelingt, kannst du die beiden Rutenteile auch mit ein wenig Kordel fixieren.

3. Nun umwickelst du den fertigen Ring dicht mit farbiger Wolle.

4. Knote eine neue, lange Schnur am Ring fest, wickle sie um den Ring und bilde dabei Schlaufen, wie du auf der Abbildung siehst. In der nächsten Wickelrunde ziehst du die Schnur durch jede Schlaufe. Die Zwischenräume werden dabei immer kleiner und schließen sich im Zentrum deines Ringes. Hier knotest du das Ende des Fadens fest.

5. Deine Fundstücke kannst du nun mit Wolle in unterschiedlichen Höhen an deinen Traumfänger binden. Bei einigen wirst du sicher mit Hilfe der Ahle kleine Löcher bohren müssen, durch die du die Wolle dann fädeln kannst.

6. Hänge den Traumfänger in der Nähe deines Bettes auf. Wir wünschen dir gute Träume!

Die Naturfundstücke für deinen Traumfänger sollten dir auf Anhieb gut gefallen, sie dienen nämlich nicht nur der Dekoration, sondern helfen auch, die Träume zu filtern und zu sammeln.

D.I.Y.

Schwierigkeit: ★★☆

Schmuckkiste Natur

Stelle mit ganz einfachen Mitteln wunderschönen Naturschmuck her und mache dir oder jemand anderem mit einem selbst gestalteten Einzelstück eine Freude!

Du brauchst:

- Taschenmesser
- Stöcke verschiedener Holzarten mit unterschiedlichem Durchmesser (Hasel, Holunder, Esche, Buche, Buchsbaum, etc.)
- Schleifpapier (grob + fein)
- ein wenig Olivenöl
- evtl. Handbohrer oder Bohrmaschine
- ggf. Lederband anstatt Baumwollschnur
- Haargummis

So geht's: Ketten

1. Schau dir zuerst die Schnittkante deines Stockes genau an. Siehst du in der Mitte einen großen, hellen Bereich, das Mark, zum Beispiel bei Holunder, Walnuss oder Esche, der sich leicht mit der Ahle herauskratzen lässt, dann eignet sich dieser Stock für längliche Kettenstücke. Zersäge ihn in die gewünschte Länge. Hat er nur einen ganz kleinen Kern, wie zum Beispiel bei Hasel oder Buche, sägst du diesen in dünne Scheiben.
2. Nun nimmst du dir ein längliches Stück vor, durchstichst es mehrere Male von beiden Seiten und kratzt das Mark dabei heraus. Dann schleifst du die Seiten des Kettenstückes mit Schleifpapier glatt, malst es an und lässt es gut trocknen. Stelle auf die gleiche Weise mehrere unterschiedliche Kettenstücke her.

3. Die Scheiben solltest du zuerst mit grobem, dann mit feinerem Schleifpapier sorgfältig abschleifen und ggf. auch noch einölen. Dann kommen nämlich Farbe, Maserung und Muster des Holzes besonders gut zur Geltung. Lasse auch diese ein wenig trocknen. In die Mitte jedes Holzscheibchens bohrst du ein kleines Loch. Falls das Holz sehr hart ist und du mit Ahle oder Handbohrer nicht weiterkommst, bitte einen Erwachsenen, dir diese Löcher mit einer Bohrmaschine zu bohren.

4. Zum Schluss fädelst du deine Holzstücke in der gewünschten Reihenfolge auf ein Lederband oder eine Baumwollschnur auf.

Amulett:
Für ein Amulett benötigst du 1 längliches Holzstück und 2 Scheiben. Fädle zunächst das Holzstück und dann rechts und links davon die beiden Scheiben auf. Fertig!

Armband:
Auf die gleiche Weise kannst du auch ein Armband herstellen. Verwende dazu kleinere Stücke, damit es nachher am Handgelenk bequem sitzt. Wenn du kleine Lochsteine (Steine, die von Natur aus ein Loch besitzen) oder Muscheln findest, kannst du diese gut mit den Hölzern kombinieren.

Haarschmuck:
Fädle je 1 – 3 Holzstücke auf einige dicke, bunte Wollfäden. Das erste Holzstück musst du fest verknoten, dann hält es auch die anderen. Diese kleinen Kettchenstücke bindest du jetzt an ein Haargummi. Das sieht schön aus und klimpert auch noch toll in deinen Haaren.

D.I.Y.

Schwierigkeit: ★★☆

Fantastische Gesichter & Figuren

Diese lustigen Kerle machen jeden Garten zum Hingucker! Sie eignen sich aber auch prima als Dekoration für dein Zimmer.

Du brauchst:

- Taschenmesser
- Nägel
- Bastelleim
- evtl. Handbohrer
- ein Brett oder Holzstück als Grundform für den Körper oder das Gesicht
- Augen: runde Gegenstände (Kronkorken, Verschlüsse, Deckel, Muscheln, Eichelhütchen ...)
- Nase: ein kleines Stück Gummischlauch, Ästchen, längliche Gegenstände
- Mund: verschiedene kleine Gegenstände, die du nebeneinander legen kannst, oder Gegenstände, die die Form eines Mundes haben
- Haare, Bart und Augenbrauen: buntes Papier, Stoff oder Plastik, Gräser, trockenes Moos, andere trockene Fasern aus der Natur
- Arme und Beine: kleine Holzstücke oder Äste

So geht's:

1. Als Grundform des Gesichtes und als Körper der Figur ist Holz am besten geeignet, da sich viele Materialien gut darauf festkleben oder -nageln lassen. Befestige als Erstes Augen, Nase, Mund und ggf. auch Ohren. Muscheln, dickere Plastikstücke oder -figuren und ähnliche Materialien musst du mit der Ahle oder einem kleinen Handbohrer durchbohren und anschließend mit Draht oder Nägeln fixieren. Wenn du Steine befestigen möchtest, umwickelst du diese zunächst mehrere Male fest mit dünnem Basteldraht.

2. Das Material für Haare, Bart und Augenbrauen schneidest du in längere Streifen, die du mit Wolle oder Draht zu kleinen Büscheln umwickelst.

3. Möchtest du eine Figur mit Körper herstellen, benötigst du natürlich auch noch Arme und Beine. Hier sind am besten kleine Holzstücke oder Äste geeignet. Du kannst selbstverständlich auch andere passende Materialien verwenden, die du mit einer Ahle oder einem Bohrer durchbohrst, um sie besser befestigen zu können. Lasse deiner Fantasie einfach freien Lauf!

Wenn du Lust hast, kannst du deine Figur oder dein Gesicht zum Schluss auch noch bunt anmalen.

D.I.Y.

Schwierigkeit: ★★★

In der Werft für Segeljollen & Piratenschiffe

Mit deinen gefundenen Sachen kannst du tolle kleine und größere Boote herstellen. Segel setzen und ahoi!

Du brauchst:

- Schnitz- und Taschenmesser
- Bastelleim
- evtl. Handbohrer
- **für den Rumpf**: am besten Holz (Brett oder Ast)
- **Mast und Querverbindungen:** Stöckchen
- **Segel:** ggf. Stoff, buntes Plastik, Blätter oder Federn
- **Kajüte, Brücke und andere Aufbauten:** Joghurtbecher, Plastikbecher, kleine Holzstücke oder Bauklötze
- **Reling:** Nägel, bunte Wolle oder Paketschnur

So geht's:

1. Stelle zuerst den Rumpf deines Bootes her. Ein Brett lässt sich gut mit einer Taschenmessersäge zurechtsägen, einen Ast kannst du der Länge nach spalten. **Tipp 7 Spalten** (Siehe S. 10) Schnitze dein Werkstück anschließend zu einer Bootsform. Beachte dabei unbedingt die Schnitzregeln!

2. Für die Montierung des Mastes musst du ein Loch in den Rumpf bohren und den Mast anschließend hineintreiben. Ein Tropfen Bastelleim hilft beim Fixieren.

3. Das Segeltuch kannst du entweder direkt mit Bastelleim an den Mast kleben oder mit Querverstrebungen befestigen. Dazu stichst du mit der Ahle mehrere Löcher in die obere und untere Kante des Segeltuches und führst durch diese jeweils oben und unten einen Stock. Diese Stöcke befestigst du anschließend mit Draht oder Schnur am Mast.

4. Für Kajüte, Brücke und die weiteren Aufbauten eignen sich am besten Materialien, die auch schon etwa die passende Form haben und nicht zu dick sind, damit du sie gut zurechtschneiden kannst. Alte Bauklötze sind ebenfalls gut geeignet. Befestige alles mit Leim oder kleinen Nägeln.

5. Als Reling kannst du in einem Abstand von ca. 2 – 3 cm kleine Nägel in den Rand des Rumpfes schlagen. Anschließend umfädelst du diese Nagelreihe mit bunter Wolle oder Paketschnur.

Lasse deiner Fantasie bei der Gestaltung deines Bootes freien Lauf! Was benötigt dein Schiff noch: Anker, Ruder, Motor, Schiffsschraube, Ausguck oder sogar eine Galionsfigur, wie bei einem echten Piratenschiff?

Meine schönsten Kunstwerke

Hier kannst du Fotos deiner schönsten Basteleien einkleben:

Meine schönsten Kunstwerke

Hier kannst du Fotos deiner schönsten Basteleien einkleben:

Schnitz-Urkunde

Für ....

Diese **Schnitzwerke** habe ich gemacht:

....

....

....

....

....

Mein **Lieblings-Schnitzwerk**:

....

....

Mein **Lieblings-Schnitzholz**:

....

....

HANDMADE HANDMADE HANDMADE

....

Ort, Datum Unterschrift

Glossar

Ahle
Eine Ahle ist ein einfaches Werkzeug, das verwendet wird, um Löcher in verschiedene Materialien zu stechen. Sie hat ein spitz zulaufendes, meist ca. 8 – 10 cm langes Metallstück, häufig einen Griff aus Holz und manchmal auch ein kleines Loch an der oberen Spitze, durch das man einen Faden oder ein dünnes Lederband fädeln kann. Sie wird nämlich vor allem beim Schuster- oder Sattlerhandwerk für Lederarbeiten verwendet. Viele Multifunktions-Taschenmesser verfügen über eine Ahle.

Fährte
Unter dem Begriff Fährte versteht man im Allgemeinen alle Hinterlassenschaften von Tieren, die auf deren Anwesenheit schließen lassen. Damit sind sowohl Fraßspuren an Nüssen und Zapfen, Kotreste, Spurenabdrücke, Haare und Federn als auch Duftmarkierungen gemeint. Im engeren Sinne bezeichnet das Wort Fährte aber nur die von einer bestimmten Tierart im feuchten Boden oder im Schnee hinterlassenen Fußabdrücke, Trittsiegel genannt.

Frischholz
Von Frischholz spricht man, wenn das Holz gerade erst geschnitten und maximal 2 – 3 Tage im feuchten Zustand gelagert wurde. Es ist dann noch besonders weich und gut zum Schnitzen geeignet. Sobald es trocknet, wird es viel härter.

Holzstecken
Ein Holzstecken ist ein gerade gewachsener Stab. Einige Baum- bzw. Straucharten (zum Beispiel Hasel, Ahorn) neigen besonders dazu, solche Triebe zu bilden. Diese sind sehr gut für Schnitzarbeiten geeignet.

Kern
Der Kern eines Stammes bzw. Astes liegt etwa in der Mitte, hat normalerweise einen Durchmesser von einigen Millimetern und hebt sich häufig farblich vom umgebenen Holz ab. Normalerweise ist er wesentlich härter als der Rest des Holzes. Bei einigen Holzarten ist er allerdings mit weicherem Gewebe, dem sogenannten Mark, gefüllt. Wenn dieser Bereich sehr groß ist, wie zum Beispiel bei Holunder und Esche, ist dieses Holz für Schnitzarbeiten nicht gut geeignet.

Mark
Das Mark befindet sich bei einigen Holzarten im Kernbereich des Astes und ist sehr weich und bröselig, sodass man es mit den Fingernägeln herauskratzen kann. Holunder und Esche haben zum Beispiel einen großen Markbereich von bis zu 1,5 cm Durchmesser. Dieses Holz ist für Schnitzarbeiten nicht gut geeignet, man kann daraus aber andere Dinge herstellen und ausgekratzte Holunderstängel sehr gut für den Bau einer Wildbienen-Nisthilfe verwenden.

Rinde
Die Rinde ist der äußere Teil eines Baumes oder Strauches und dient dem Schutz des darunter liegenden Holzes gegen Sonne, Wind und Wetter, Krankheiten und Tierfraß. Ist diese wie bei einigen Bäumen sehr dick oder auch rissig, nennt man sie Borke.

Rute
Als Rute bezeichnet man einen langen, dünnen, meist leicht biegbaren Ast oder Zweig eines Baumes oder Strauches. Ruten werden oft für Flechtarbeiten (zum Beispiel Körbe, Ringe etc.) verwendet.

© Arne Schirdewahn

Sonja Schirdewahn ist Biologin und führt zusammen mit ihrem Mann Arne Schirdewahn, Bildhauer, seit 15 Jahren das Naturerlebnisunternehmen bonnatours in Bonn. Gemeinsam veranstalten sie Schnitzkurse für Kinder und Erwachsene, Ausflüge und Ferienprogramme. Im Mittelpunkt aller Veranstaltungen steht das Motto: Entdecken, Erleben und Erfahren der Natur mit allen Sinnen.
Auf ihrer Internetseite www.bonnatours.de können sich Interessierte über aktuelle Termine und Kurs-Angebote informieren.

2. Auflage 2025

moses. Verlag GmbH
Arnoldstraße 13d
47906 Kempen
Fon 0 21 52 - 20 98 50
Fax 0 21 52 - 20 98 60
Mail info@moses-verlag.de
www.moses-verlag.de

ISBN 978-3-96455-327-0

Text: Sonja und Arne Schirdewahn

Illustrationen: Arno Kolb, Thomas Müller

Fotos: Senta Hoppe, Dagmar Hoppe, Fotolia: Titelfoto Junge o.r. (© Ilike), S. 4 a (© Denis Gladkiy), 4 b/c/d (© sunnychicka), 5 o. (© percent), 5 u. (© AnnaPa), 12 mitte (© Tino Hemmann), 31 mitte (© nadezhda1906), 40 u. + 65 u. (© PiLensPhoto), 41 (© carlos101) + 66 u., 56 o. (© lcrms), S. 58 (© Pixelot), Creatas: S. 40 o./mitte + 65 o., ingimage: S. 44 (© Velychko), 44/45 (© Dani Simmonds), S. 64 mitte, iStockphoto: S. 56 u. (© hsvrs); adobstock.com: S. 48 (© ontronix), S. 60 (© New Africa),

Layout, Typographie & Satz: Melanie Dahmen

Redaktion: Dagmar Hoppe, Nicola Berger, Ina Lutterbüse

Herstellung: Nicole Bienia

Printed in Poland.

FSC www.fsc.org MIX Papier | Fördert gute Waldnutzung FSC® C018236

CERTIFIED cradle to cradle BRONZE

Inhaltsseiten gedruckt auf MAESTRO® PRINT Papier Cradle to Cradle Certified® in der Stufe Bronze. Cradle to Cradle Certified® ist ein eingetragenes Markenzeichen des Cradle to Cradle Products Innovation Institute.

Druckprodukt mit finanziellem Klimabeitrag
ClimatePartner.com/14161-2001-1001